EL PEQUEÑO LIBRO DE LA SABIDURÍA DE RUMI

MARYAM MAFI

Con prólogo de Narguess Farzad

Título: El pequeño libro de la sabiduría de Rumi
Autora de la traducción: Maryam Mafi

El pequeño libro de la sabiduría de Rumi
© 2021 de Maryam Mafi
© del prólogo, 2021 Narguess Farzad
Esta edición se publica por acuerdo con Red Wheel/Weiser LLC, a través de International
Editors & Yañez Co. S.L.

Primera edición en España, abril de 2023
© para la edición en España, El Grano de Mostaza Ediciones

Impreso en España
ISBN PAPEL: 978-84-126913-2-0
ISBN EBOOK: 978-84-126913-3-7
DL: B 6943-2023

El Grano de Mostaza Ediciones, S.L.
Carrer de Balmes 394, principal primera
08022 Barcelona, Spain
www.elgranodemostaza.com

EL PEQUEÑO LIBRO DE LA SABIDURÍA DE RUMI

MARYAM MAFI

Con prólogo de Narguess Farzad

Para Niloufar Bayani

CONTENIDOS

PRÓLOGO

Una búsqueda en línea del nombre Rumi devuelve decenas de millones de resultados, que ofrecen vínculos a una multitud de páginas web en gran variedad de idiomas. Estas páginas están dedicadas a, o se enfocan en, un poeta persa del siglo XIII cuya presencia en los medios de comunicación social y su número de seguidores serían la envidia de muchos personajes célebres y figuras públicas. La cantidad de resultados de la búsqueda en cualquier idioma se alza como un testamento de la atracción que la filosofía de Rumi y su poesía extática tienen para sus seguidores y devotos, así como para aquellos que, en momentos de lucha, buscan solaz y rectitud en sus palabras y creencias. Cuando nuestras vidas diarias se ven asoladas por crisis no anticipadas, pandemias, actos de violencia y otros desastres producidos por los seres humanos, cada vez más gente se dirige a este jurista, profesor, erudito y místico islámico en busca de guía e inspiración.

Algunos fragmentos suelen tomarse de sus poemas narrativos más largos para convertirse en pepitas memorables que se comparten, se reenvían y se suben a las plataformas populares de las redes sociales. Incluso Beyoncé y Jay-Z, posiblemente la pareja más notable del mundo del espectáculo, llamaron a una de sus hijas Rumi por la simple razón de que es su poeta favorito. Entonces, ¿quién es esta extraordinaria figura que, más de ochocientos años después de su nacimiento en Asia Central, continúa siendo reverenciada? ¿Y qué país o cultura tiene derecho a reivindicarla como propia?

Nacido Jalal ad-Din Balkhi, en Occidente se lo conoce como Rumi, que significa «el hombre de Rum», una región situada en los bordes orientales del Imperio bizantino. Sus devotos, que lo nombran como Mowlana («Nuestro Maestro»), sitúan su nacimiento en el año 1207 en el rincón nororiental del Imperio persa-islámico, en la provincia de Vaksh del moderno Tayikistán, que está situada a orillas de uno de los afluentes del magnífico Amu Durya, el río Oxus. Las ciudades históricas de su infancia, Samarcanda y Balkh, están situadas en los actuales Uzbekistán y Afganistán, respectivamente. Sin embargo, los discursos, la poesía y las canciones líricas de Rumi fueron escritos en persa, y él pasó la mayor parte de su vida adulta en Konya, en la moderna Turquía, donde está enterrado.

Todo esto nos lleva a afirmar que ningún país o cultura puede reivindicar de manera exclusiva el legado y la herencia de Rumi. Él es un poeta y un pensador universal. Además, las innumerables traducciones de sus obras a más de treinta idiomas, y hay más en preparación, han posibilitado que personas de culturas muy diversas disfruten la profundidad de sus escritos y la riqueza de su imaginación. Por supuesto, lectores de todo el globo han forjado una afinidad con sus evocativas reflexiones sobre la vida y la fe. La poesía de Rumi sigue siendo la piedra de toque para las composiciones místicas del mundo islámico, y en la actualidad sus enseñanzas siguen siendo tan relevantes y cautivadoras como en tiempos medievales.

Las discusiones académicas sobre los escritos de Rumi y la génesis de su filosofía sufí llenan innumerables estanterías en bibliotecas de investigación de todo el mundo. Se debaten en congresos y son un tema frecuente en conferencias y cursos universitarios. Pero gracias a traductores dedicados y eruditos, como Maryam Mafi, que seleccionan con cariño los mejores ejemplos de su trabajo y los que más afirman la vida, ahora Rumi se ha vuelto accesible a un público más amplio. En *The Little Book of Mystical Secrets* (*El pequeño libro de los secretos místicos*), Mafi se enfocó en las enseñanzas e inspiraciones de Shams de Tabriz, el maestro, confidente y compañero del alma de Rumi. En *The book of Rumi: 105 Stories and Fables* (*El libro de Rumi: 105 historias y fábulas*), seleccionó los duetos espirituales de su *opus magnum* en seis volúmenes, el *Masnavi*. En *El pequeño libro de la sabiduría de Rumi,* Mafi ha dirigido su atención a una obra mucho menos conocida, el *Fihe-ma-Fih*, un compendio de monólogos, debates y reflexiones que son fruto de una vida de escritura y adoración, y que fueron registrados por sus seguidores.

Hay mucha controversia con respecto al significado y los orígenes del título de esta obra. Aunque el libro está escrito en persa, el título —fiel a las tradiciones de su tiempo— es una expresión espiritual árabe que significa «está en ello lo que está en ello». Encontrar un equivalente occidental para este ambiguo título ha sido un desafío para muchos traductores a lo largo del tiempo. Mientras que algunos han optado por «Es lo que es», otros han elegido un título genérico, como «Discursos de Rumi», que describe el contenido del libro. La profesora de Harvard Annemarie Schimmel (1922-2003), la indómita orientalista alemana y erudita del islam y del sufismo, prefirió interpretar el título en su sentido original, como una especie de bufet espiritual improvisado: un refrigerio preparado para invitados inesperados que puede ser compartido en cualquier momento y circunstancia.

La principal autoría del *Fihe-ma-Fih* se atribuye al hijo mayor de Rumi, el sultán Walad, ayudado por otros pupilos y discípulos del maestro. Se cree que estos seguidores dedicados registraron los discursos de su Maestro con fidelidad y precisión, y que anotaron sus respuestas a las preguntas planteadas en las reuniones como harían con las revelaciones de un santo. Lo que queda hoy de lo que originalmente debió haber sido un volumen mucho más extenso se compone de una introducción y setenta capítulos de anécdotas, intercambios y ampliaciones de las ideas que abarcan desde alrededor de 1260 hasta después de la muerte de Rumi en 1273.

El profesor Badiozzaman Forouzanfar (1904-1970), uno de los más destacados eruditos iraníes sobre la figura de Rumi y editor del *Fihe-ma-Fih,* creía que el título estaba, con toda probabilidad, inspirado en una línea del quinto libro del *Masnavi* (líneas 2683-2685), donde Rumi cuenta la historia de un sabio llamado Shiekh Mohammad Sar-Razi, de Ghazni, una ciudad del moderno Afganistán. Según el relato, este *sheikh* sufí ayunó durante siete años y solo rompía el ayuno una vez cada noche para masticar algunas hojas de parra. Este prolongado periodo de meditación y abstinencia agudizó sus sentidos y poderes de percepción hasta tal punto que afirmaba que podía entender el poder y la gloria de lo Divino tal como se refleja en los detalles del mundo natural. No obstante, a pesar de su sensación de proximidad a lo Divino, anhelaba con desesperación llegar más lejos, pues aspiraba a ver el rostro de su Señor.

Un día, sintiéndose despojado, el *sheikh* ascendió a una montaña e invocó al Señor, rogándole que le mostrara Su rostro y amenazando con tirarse al vacío en su desesperación. Una voz replicó que todavía no era el momento de que estuviera en presencia de lo divino y que, aunque saltara, no moriría. Desanimado por la respuesta, el *sheikh* se lanzó al precipicio. Tal como se le había prometido, sobrevivió a la caída al aterrizar en un profundo estanque de agua. Una vez recuperado, oyó la voz una vez más. Le dijo: «Rompe el ayuno y retorna a la ciudad; dedica tu vida a pedir su oro a los ricos para que puedas dárselo a los pobres». Rumi explica el significado de la historia de esta manera: «Hay muchas preguntas y muchas respuestas que se intercambian entre lo Divino y el asceta abstinente, y su intensidad ilumina los cielos y la tierra; y todo esto está compilado en los discursos».

El *Fihe-ma-Fih,* que está escrito en una prosa bastante elaborada, es clave para descifrar algunas de las historias que aparecen en el Masnavi. Otra faceta notable de este libro reside en los vislumbres que nos ofrece de la historia social de Anatolia en el siglo XIII y las dinámicas de las relaciones entre los místicos y los patrones y su séquito. El libro también nos muestra una ventana fascinante al lado más relajado de Rumi: por ejemplo, su tendencia a recurrir a algunas palabrotas que eran comunes en su Khorasan natal cuando está enfadado o exasperado.

En *El pequeño libro de la sabiduría de Rumi,* Maryam Mufi ha captado el sutil humor de Rumi, los giros únicos de sus frases y su amor por las indirectas. Esto se hace más evidente en su selección y traducción de las historias de la vida cotidiana: cómo un verdulero fantasea con una mujer que está por encima de su estatus y ruega a su sirvienta que haga llegar sus apasionados mensajes a la señora. Otra anécdota habla de un rey que, mientras cazaba ciervos, aprende una lección inesperada de su presa. Y también está la historia de un peregrino que, perdido en el desierto, busca ayuda y acogida entre unos extraños. Después de ser recibido en su andrajosa tienda y de ser invitado a compartir su exiguo sustento, ofrece consejo a la pareja sobre cómo mejorar su suerte. En un giro irónico típico de Rumi, ellos confunden la bondad del forastero con celos para su propio perjuicio. Otro favorito es el divertido cuento de un profesor de pueblo que, pensando que ha encontrado una piel de oveja para calentarse, se descubre en las garras de un oso.

Las historias del *Fihe-ma-Fih* ilustran el mundo multicultural, multilingüe y multiétnico que habitaron este personaje extraordinario y su círculo de devotos y amigos. Las referencias sesgadamente autobiográficas de Rumi, que están desparramadas por todo el *Masnavi*, así como las extáticas odas líricas reunidas en el *Diván de Shams*, nos ofrecen atinados vislumbres de su vida y apegos. Sus parientes tuvieron la buena fortuna de emigrar con sus familias hacia el oeste en 1216, escapando de la devastación provocada por los mongoles en las ciudades de la infancia de Rumi. Por tanto, ¿puede extrañarnos encontrar tal agudeza en sus himnos a la partida? ¿Es sorprendente que sus sonoras palabras sigan sirviendo de bálsamo para las almas heridas de los emigrantes y refugiados y las de aquellos que están exilados y han sido arrancados de su tierra natal? Él trajo la inquietante canción de la flauta de caña persa, cuyos suspiros etéreos se entrelazaron con los susurros de las gaitas *aulos* de los bordes orientales del Imperio bizantino, donde Rumi y su familia, expulsados de su tierra natal, se establecieron después de un viaje de trece años. Sin embargo, los horrores inimaginables de estas experiencias no disminuyeron la capacidad de Rumi de expresar amor y alegría ni redujeron la vivacidad espiritual que emana de todos sus escritos.

La visión del mundo de Rumi se asienta en el imperativo de nunca perder la fe en la esperanza. Y, sin embargo, también nos recuerda que la esperanza nunca está lejos del miedo: «Muéstrame un miedo sin esperanza o una esperanza sin miedo. Ambos son inseparables». Estas simples palabras son más potentes hoy que nunca, pues cada día nos asaltan mensajes de muerte y condenación en nuestras vidas saturadas de medios de comunicación. Necesitamos recordatorios constantes de la convicción de Rumi de que solo la esperanza subyuga el miedo. Este es el mensaje que Maryam Mafi nos ofrece con tanta claridad en *El pequeño libro de la sabiduría de Rumi*.

Narguess Farzad, profesor de Estudios Persas,
Universidad de Londres.

INTRODUCCIÓN

Fihe-ma-Fih, o *Los discursos*, es una colección de charlas, conversaciones, conferencias y comentarios de Jalal ad-Din Balkhi, conocido en Occidente como Rumi. Estos discursos están escritos en prosa y reflejan conversaciones que mantuvo durante su vida con seguidores, amigos y discípulos. *El pequeño libro de la sabiduría de Rumi* es una selección de citas de esta obra, elegidas para reflejar su planteamiento elevado e inspirador hacia la existencia y hacia los problemas con los que nos encontramos inevitablemente durante el curso de nuestra vida. Las personas que frecuentaban las reuniones de Rumi no eran solo estudiantes sufíes y *murids* (devotos), sino también los residentes locales de Konya, en la actual Turquía. Esto incluía a comerciantes, como carniceros y verduleros, y también a hombres de negocios poderosos y ricos, e incluso a ministros de la corte Seljuq, como Amir Moineddin Parvaneh. Sin duda, la casa del Rumi era un lugar donde la gente se mezclaba y socializaba en igualdad, con independencia de su religión, casta o credo.

El amplio abanico de temas que se abordaban en las reuniones sufíes de Rumi (*majlis*) era muy variado y las cuestiones, intelectual y espiritualmente complejas. Entre los puntos de interés se encontraban no solo el sufismo y la espiritualidad, sino también asuntos morales, sociales, políticos, teológicos, conductuales y psicológicos que afectaban por igual a gentes de todas partes. En el pasado era costumbre registrar por escrito la lección del maestro para usarla más adelante en los libros de texto. El *Fihe-ma-Fih* —cuyo título árabe significa «en ello lo que está en ello», lo que implica la inclusión de una variada colección de piezas distintas— es un libro de este tipo. Conocidos por los sufíes como «los escribas de los secretos», una serie de devotos cercanos a Rumi eran hábiles escritores, sobre todo su hijo mayor, el sultán Walad. Juntos consiguieron conservar casi todo lo que decía Rumi, incluso durante sus estados extáticos mientras practicaba *sama* (danza derviche).

Sin embargo, el *Fihe-ma-Fih* no es un libro concebido al estilo clásico, con una introducción seguida de capítulos consecutivos. Más bien, es un relato fluido de las charlas que se produjeron durante estos encuentros a lo largo de la vida de Rumi, solo que editadas como libro después de su muerte. Los escritos tienen un tono cálido y de consejo, a menudo mezclado con humor escurridizo, pero siempre son sinceros y cálidos. No obstante, también es inevitable que algunas de las enseñanzas sean más duras, pues Rumi tuvo que adoptar los estrictos métodos de enseñanza de su tiempo: en especial porque algunos aspirantes esperaban que les enseñara algo nuevo cada día.

Cuando examinamos más de cerca las lecciones contenidas en los encuentros íntimos que se describen en el *Fihe-ma-Fih,* nos damos cuenta de que sus raíces ya están firmemente establecidas en la gran obra de Rumi titulada el *Masnavi*, donde su infinita sabiduría florece en todo su esplendor. Las numerosas historias que relata aquí —si bien a menudo resultan divertidas y a veces superficiales— son más iluminadoras al maniobrar entre lo banal y lo transcendental. Los comentarios breves, y con frecuencia agudos, que incluye con regularidad dentro de un cuento largo a menudo acaban siendo las respuestas exactas a lo que estábamos buscando.

Mi intención es que esta compilación de historias, lecciones y anécdotas sea una invitación para que los estudiantes serios del sufismo, y los amantes de Rumi en particular, entren en los *majlis* (reuniones) de Rumi, se sienten a sus pies y absorban cada palabra que dice para explicar las complejidades de la vida. A medida que leas las palabras del Maestro, permíteles penetrar en tu corazón, donde puedes darles la bienvenida y aprovechar su infinita sabiduría.

EL PEQUEÑO LIBRO DE LA SABIDURÍA DE RUMI

1

Estés donde estés en la vida, y cualquiera que sea tu estado mental, atrévete a enamorarte y permítete ser amado. Cuando el amor se convierte en el reino de tu ser, eres tan amado en la vida como en la muerte.

2

Las palabras son solo una tapadera; lo que de verdad atrae unas personas hacia otras es lo que está en sus corazones.

3

Llevas una lámpara, pensando neciamente: «Veré mejor el sol con esta luz». Pero ¿de qué sirve una lámpara cuando el sol ya se revela a sí mismo en toda su gloria?

4

¡No perdamos nunca la esperanza en la Verdad! La esperanza es tu única seguridad en el camino que eliges; y si decides no recorrer ese camino en absoluto, aun así, no abandones nunca la esperanza.

5

Te quejas sin cesar, sintiéndote culpable por algo que hiciste mal. ¿Por qué no redimirte haciendo ahora lo correcto? Tus actos desaprensivos nunca pueden tocar lo Divino; solo te hieren a ti. Cuando recuperes el honor, con el tiempo, tus iniquidades se borrarán poco a poco de tu memoria.

6

¡Qué pena llegar por fin a mar abierto, pero conformarse con una modesta jarra de agua!

7

La esencia del hombre es el astrolabio de Dios. Cuando el ser humano ha sido agraciado con el conocimiento divino, Dios puede mirar al astrolabio y ver Su propia belleza reflejada a cada instante. Por eso, cuando nos conocemos de verdad, ¡conocemos lo Divino!

8

¿Por qué tendría que hablar en voz alta con alguien con quien no necesito palabras para comunicarme?

9

Has buscado en el mundo entero, ¡pero no para encontrar la Verdad! De modo que ahora tienes que volver a empezar de nuevo y redescubrir el mundo.

10

Tengo un corazón blando; no puedo soportar molestar a mis invitados. Temiendo que ellos puedan cansarse, recito poesía para ellos; por lo demás, ¿qué tengo yo que ver con la poesía? ¡Juro por Dios que la aborrezco!

11

Parvaneh (un ministro de la corte Seljuk) me dijo una vez que la acción es la esencia de la vida. Lo miré y repliqué:

—Muéstrame este hombre de acción que tanto te impresiona y que está buscando la *acción real* ¡para que yo pueda mostrarle el verdadero significado de la acción! Puedo ver que tienes ganas de oírme hablar y que, si no lo hago, estarás molesto. Cuando empieces a buscar la acción real, ¡te mostraré lo que eso en verdad entraña! Busco hombres de acción, pero solo puedo encontrar hombres a los que les importan las palabras; así, me relaciono con ellos hablando. ¿Dónde está *tu* acción? Solo puedes entender la acción real a través de la acción misma, el conocimiento a través del conocimiento, la superficialidad a través de la superficialidad, y la verdad a través de la Verdad.

12

Cuando un místico anhela más luz, no es por su propio bien; la busca para beneficio de otros. Para él, que haya más o menos luz no significa nada, porque él es la esencia de toda luz; él es, de hecho, ¡el eterno sol!

13

Es posible que el hambre, la sed, el enfado y la felicidad no sean perceptibles físicamente, pero no podrían ser más reales. Es posible que no los veas, pero no puedes negar su existencia. Es lo mismo con tu conciencia.

14

Algunas personas vienen a comer de mis manos, pero otras solo vienen a observar y a aprender de mí, y después se van y venden lo que han aprendido.

15

Cuando alguien tiene pensamientos perturbados, las conversaciones con esa persona también serán perturbadas, como si tuviera un impedimento del habla que se hace evidente después de hablar durante un rato.

16

Un médico te toma el pulso porque tiene una pregunta. La respuesta a su pregunta reside sin palabras en el ritmo de tu pulso. Plantar una semilla en el suelo conlleva una pregunta, y el crecimiento del árbol resultante es la respuesta, sin palabras. Cuando las respuestas carecen de palabras, las preguntas centrales también deben hacerse sin palabras.

17

Para experimentar incluso el mínimo sabor de la dicha, soportamos pruebas onerosas ¡sin darnos cuenta de que lo único que necesitamos es una mirada de Dios!

18

Nuestro mundo puede compararse con una montaña en la que todo lo que decimos, sea bueno o malicioso, vuelve a nosotros como un eco. ¡No supongas que has hablado con educación si la montaña responde con rudeza! Eso es imposible. ¿Cómo podría el eco devolver el dulce canto del ruiseñor como el áspero croar del cuervo? ¿O como podría confundirse la voz elocuente de un ser humano con el rebuzno del asno? Puedes estar seguro de que, si oyes un rebuzno, es el sonido de tu propia voz, ¡y no el de la bestia!

19

Un joven fue detenido a la salida de su casa por un amigo que notó que caminaba sin rumbo y con las manos ensangrentadas. Cuando le preguntó qué había ocurrido, el joven confesó que había matado a su madre.

—¿Por qué mataste a tu madre?

—¡Fui testigo de un acto que no merece ser mencionado!

—Deberías haber matado a ese extraño en su lugar.

—¡Entonces habría tenido que matar a alguien cada día!

Domestica tu ego salvaje a menos que quieras guerrear con una persona distinta cada día.

20

Recuerda que todos los rasgos de carácter nocivos —como la crueldad, los celos, el odio, la avaricia, el orgullo, la falta de corazón— existen en todos nosotros. Sin embargo, elegimos permanecer ciegos a ellos hasta que los localizamos en otra persona, y entonces salimos corriendo. Sin embargo, solo estamos sintiéndonos ofendidos por nosotros mismos, huyendo de nuestra propia verdadera naturaleza.

21

Hay muchas personas en el mundo que están bendeci-
das con innumerables riquezas y un poder inimaginable,
¡pero sus almas se encogen con revulsión por disponer
de tales regalos!

22

Un estudiante preguntó: «Cuando actuamos y tenemos
éxito, ¿se debe este resultado favorable a nuestra iniciativa o a la gracia de lo Divino?».

En verdad se debe a la gracia de Dios. Pero, como Él
es tan magnánimo, ¡te permite creer que se debe a tus
propios esfuerzos!

23

Los fenómenos se vuelven reconocibles cuando aparecen en el contexto de sus opuestos. Sin embargo, Dios no tiene opuesto. Por lo tanto, Él creó el mundo, que estaba envuelto en tinieblas, para que Su luz se hiciera aparente.

24

Cuando confías un jardín de rosas a un jardinero y detectas que el aire se llena solo de olores fétidos, ¿a quién culpas? ¿Al jardín o al jardinero?

25

Cuando sientes alegría en el corazón sin que haya una razón para ello, has de saber que en algún lugar, en algún momento, puedes haber llevado felicidad a alguien. Asimismo, si sientes de repente que la tristeza nubla tu corazón, se debe a que en algún momento de tu vida debes haber causado pena a alguien. Estos sentimientos son regalos del más allá que nos permiten aprender mucho con muy poco.

26

Cuando Dios elige ser generoso, una insignificante moneda demostrará ser tan valiosa como mil piezas de oro. Pero si Él decide retirar Su buena voluntad, todas esas monedas de oro no tendrán ningún valor.

27

Te ruego que oigas mis palabras, no tanto con los oídos, sino con el corazón, porque así es como te beneficiarás más. Un ejército de mil ladrones situados fuera de un castillo no podrá abrir las puertas sin la ayuda del ladrón que está dentro. Tú puedes ser un orador excepcional, pero ¿de qué sirve cuando tu elocuencia no surge de la verdad interna?

28

Si tu ojo interno está cerrado y sellado, ¿cómo sabrás de la luz, aunque el mundo entero se esté bañando en ella?

29

Los humanos tenemos dos lados. Uno es nuestra naturaleza animal, que consiste en nuestras esperanzas y deseos; el otro es nuestra esencia, de donde viene el alimento de nuestro espíritu. Nuestra esencia anhela perpetuamente la sabiduría para encontrarse con lo Divino. De modo que mientras que nuestra naturaleza animal busca con desesperación escapar de lo Divino, nuestra esencia huye del mundo material.

30

Es posible que mis palabras no te impresionen ahora, pero cuando crezcas y te conviertas en un adulto maduro, sus huellas empezarán a emerger.

31

Con independencia de su rango y riqueza, todo el mundo experimenta frustración, inquietud, dolor, anhelo, añoranza y amor.

32

Llaman al Amado *Delaram* o «¡el que calienta el corazón!». ¿Sabes por qué? Porque ¿dónde más podría el corazón encontrar solaz sino en Él?

33

Se puede pensar en los placeres alegres de la vida como en una escalera; al igual que los escalones de la escalera, no son estaciones en las que quedarnos, sino etapas por las que pasamos.

34

Nuestras acciones son preguntas, mientras que nuestras reacciones son las respuestas, bien sean alegres o tristes. Cuando planteas una pregunta y la respuesta es favorable, puedes considerarte afortunado por haber hecho la pregunta correcta. Sin embargo, si la respuesta es sustancialmente problemática y negativa, más te vale disculparte y no volver a repetir esa pregunta.

35

Yo digo lo que me viene a la mente y, si Dios lo dispone, lo poco que digo se infiltrará en tu corazón y te dará muchos frutos. Y si Él no lo desea, por más que yo hable, nada de ello penetrará en tu corazón; mis palabras pasarán y enseguida serán olvidadas.

36

La luz se apaga cuando se pone el sol. Pero, si no puedes soportar vivir sin luz, ¡no tienes otra opción que convertirte en el sol mismo!

37

Tiranía, opresión, crueldad y ausencia de piedad son como una apretada bola de nieve con hielo en el centro, lista para congelar el alma. ¡Solo el sol de la conciencia puede fundir esta bola helada!

38

La esencia del ser humano es como almizcle, mientras que el mundo con todas sus alegrías es un delicioso aroma impermanente e inevitablemente pasajero. Tienes suerte si no te contentas con el aroma, sino que continúas buscando la esencia. Sin embargo, muchos nos sentimos gratificados con el mero aroma que este mundo ofrece. En último término, nosotros seremos los perdedores, pues nos aferramos a algo que no vamos a poder poseer durante mucho tiempo. No olvidemos que el embriagador aroma de este mundo solo es un atributo del almizcle. Mientras el almizcle sobreviva, durará y nos llegará sin interrupciones. Cuando el aroma empiece a disiparse, todos aquellos cuyas vidas dependen de él desaparecerán junto con él. A su debido tiempo, los más afortunados de entre nosotros serán aquellos que crezcan para hacerse uno con el almizcle.

39

Cuando sientes que tu corazón se contrae y la oscuridad se cierne a tu alrededor, es hora de reflexionar si, en el pasado, has infligido crueldad a otro ser. Aunque es posible que no recuerdes los detalles, sabes que debes haber hecho actos horribles en tu vida que tal vez no hayas reconocido como malvados. O bien hiciste estas cosas por ignorancia, o estabas en compañía de falsos amigos hasta el punto de que cometer un pecado se convirtió en la norma para ti, y dejaste de percibir que estaba mal.

40

Un elefante joven se acercó majestuoso a una fuente de agua fresca, desesperado por calmar su sed. Viendo su propio reflejo en el agua, de repente sintió pánico y salió huyendo tan rápido como pudo, ¡creyendo que se había topado cara a cara con una enorme bestia salvaje! No sabía que había visto su verdadero ser por primera vez.

41

Al principio, Dios se presentó ante Mahoma cuando estaba solo. Pero, poco después, Él lo envió al mundo para que guiara a las masas en su camino de vuelta a Él. Mahoma estaba muy perturbado y no podía soportar estar separado de su Creador. Suplicó que se le dijera lo que había hecho mal para ser castigado de manera tan cruel. ¿Cómo iba a sobrevivir él entre las masas, por no hablar de guiarlas? Pronto oyó una respuesta:

«¡Mahoma!, no te lamentes; Yo no te dejaré solo con las masas. Mientras las atiendes, yo estaré de pie junto a ti, sosteniéndote, de modo que no nos separará ni la anchura de un cabello. En todo lo que hagas, ¡siempre permanecerás conectado a Mí!».

42

Alguien me preguntó:

—¿Cambian alguna vez los mandatos originales de Dios?

Y respondí:

—Lo que está bien y lo que está mal no cambia nunca. Sin embargo, el premio y el castigo por hacer el bien o el mal pueden cambiar con el tiempo. Ahora bien, la esencia del mandato original es siempre la misma.

43

Para encontrar tu verdadero propósito en la vida, debes desnudar al ego de sus insaciables deseos para poder liberarte de la oscura prisión de sus enredos.

44

Los sabios y santos aman a todos y ven la bondad de todas las cosas del mundo simplemente porque no quieren permitir que un solo pensamiento burdo manche la pureza de su conciencia.

45

¡Cuando hayas sido bendecido con verdades eternas y valiosos secretos espirituales, guárdalos para ti mismo! No compartas enseguida con otros lo que te confío; sobre todo, nunca divulgues nada de ello a los no iniciados. Déjame ponerte un ejemplo: si tienes una amante preciosa y ella te implora que no la expongas a los ojos de extraños, ¿la llevarías al mercado, la pondrías en un pedestal y gritarías: «Venid todos, acercaos; ¡venid a ver esta belleza que me pertenece!?».

¿Cómo crees que se sentiría ella? ¿No estaría furiosa contigo?

46

Un día, el Profeta estaba hablando a sus devotos cuando un grupo de adversarios empezaron a unirse a ellos. Al darse cuenta, él les dijo a sus hombres:

—Hay momentos que requieren actuar con rapidez, pues has de asegurarte de que todos los frascos, los pucheros, los cuencos, las tazas y las jarras estén seguros y bien tapados. Porque hay cerca criaturas venenosas y abominables que podrían caer con facilidad dentro de tus vasijas, y sin darte cuenta podrías beber de ellas y quedar infestado.

Así, a los sabios se les ordenó guardar su sabiduría y contener la lengua ante los extraños, pues podrían ser parásitos, indignos de sabiduría y fortuna.

47

Exhibir buenos modales y respeto hacia otros es noble, pero también es imperativo saber dónde y cuándo practicarlos. Cuando el sujeto al que prestas atención está en medio de un rezo, puede no ser el mejor momento para presentarle tus respetos y tratar de conversar con él. De hecho, ignorar a una persona mientras está orando puede ser el máximo respeto que puedes ofrecerle.

48

Es mejor no sentirse poderoso todo el tiempo, aunque estés en una posición de mucha autoridad, no vayas a olvidar que el poder de la Verdad es más grande que todos nosotros.

49

¿Cómo podemos concebir la verdadera generosidad cuando nuestra imaginación solo alcanza adonde llegan nuestro mérito e iniciativa, y ambos son increíblemente limitados? Sin embargo, la generosidad de Dios va en paralelo con Su poder y no depende de la ilusión ni del malentendido, que pertenecen al dominio humano.

50

Las galaxias, los planetas y el cielo que los envuelve —de hecho, la totalidad de la existencia— han venido a ser debido a una cosa: la voluntad original del Creador. Si alguna vez Su verdadera luz brilla sin sus múltiples velos, no quedará nada de lo que conocemos: ni tierra, ni cielo, ni luna, ni sol. Excepto el Rey, no quedará nada.

51

Un rey le dijo una vez a un derviche (místico sufí):

—Acuérdate de pensar en mí cuando sientas la divina presencia.

El derviche respondió con honestidad:

—Si la luz de Dios brilla alguna vez sobre mí, puedes estar seguro de que no seré consciente de mí mismo, ¡y mucho menos de ti!

52

Se dice que cuando Dios selecciona a una persona para que entre en Su luz y se acercan a ella pidiendo ayuda, Dios les concede sus deseos incluso antes de que los pidan.

53

Había una vez un devoto que amaba a su rey más que a su propia vida. Un día, al salir del pueblo para retornar al palacio, una serie de vecinos le pidieron que entregara al rey sus cartas, que contenían quejas y peticiones. Él las tomó y les prometió hacer todo lo posible para presentar sus solicitudes a su querido maestro. Al entrar en la gran sala donde se recibía a los súbditos, echó una mirada al rey y ya no pudo contener el brote de amor en su corazón. ¡Se desvaneció! Habiendo sido testigo desde su trono, el rey se aproximó a su amoroso súbdito y, sabiendo que era un verdadero sirviente, metió la mano en su chaqueta y tomó la pequeña bolsa de cuero que contenía las cartas de los aldeanos. Lidió con esas peticiones con meticulosidad y extrema generosidad, sin dejarse una sola. Ese día había muchos más súbditos en la sala que habían hecho demandas similares, pero, como ninguno de ellos había demostrado su devoción y amor puro como el hombre inconsciente que tenían ante ellos, el rey solo respondió a una de cada cien peticiones que se le presentaban, y ni con la mitad de generosidad.

54

La noche es larga; ya es hora de contar secretos y de pedir lo que necesitamos sin temer a otros. La oscura cor-
tina de la noche crea un santuario para que se diga la
verdad sin reservas. A la luz del día, todas las cosas son
visibles y claras, pero de noche todo está seguro bajo el
manto de oscuridad, excepto el criminal que se cree in-
mune y piensa que nadie puede verlo cometer sus fe-
chorías. No sabe que siempre estamos bajo el ojo de la
Verdad universal y que cada acción acabará teniendo su
consecuencia.

55

El ego es tu desafío último en la vida; siempre debes vigilarlo y no dejar nunca que cree un caos. Pues, mientras esté ocupado lidiando con su dolor, tu yo inmaculado puede florecer en libertad e irradiar, ganando más fuerza interna cada día.

56

En primavera, la gente sale a los campos para cultivar sus cosechas, viajan a lugares lejanos o construyen nuevas casas. Todo esto es posible debido a la gracia de la primavera; de no ser por ella, seguirían confinados en sus fríos hogares, atrapados sin remedio. No obstante, la gente solo comprende lo obvio. No tienen ningún concepto de qué o quién está detrás de la creación de la primavera; simplemente, se sienten agradecidos por ella. Sin embargo, los maestros son muy conscientes de que la primavera solo es un velo que permite al Arquitecto que está detrás permanecer oculto.

57

He conseguido desarrollar un hábito para satisfacer mis necesidades diarias porque no está en mi naturaleza usar mis energías sin necesidad y atraer hacia mí un sufrimiento innecesario. De hecho, en cuanto a mis necesidades terrenales como dinero, alimento, ropa y otras cosas básicas, si me quedo quieto y tengo paciencia, ellas se presentan en mi camino. Cuando las persigo, mi vida se convierte en un infierno de sufrimiento y me siento carente. Sin embargo, cuando espero, todo viene a mí de manera sutil y sin dolor, pues esas necesidades también me están buscando y atrayéndome hacia ellas. Si no pueden arrastrarme, entonces ellas vienen a mí; y si yo no puedo atraerlas de forma apropiada, acabo yendo tras ellas.

58

Los sabios santos y los mensajeros divinos no estaban motivados por el hambre de pan ni por la fama; su intención era servir a lo Divino. Ganaron su pan honesta y laboriosamente, reforzando su reputación. Y, con el tiempo, sus nombres se volvieron sagrados.

59

Si Dios no fuera tu compañero, el entusiasmo por él no florecería en tu corazón, tal como no hay olor a rosa sin una rosa real ni aroma de almizcle sin almizcle.

60

Nuestra conversación no tiene fin. E incluso si lo tuviera, ¡sería distinta de cualquier otra! En la vida experimentamos largas noches de oscuridad, pero confiamos en que acabarán pasando. No obstante, la luz que emana de nuestras charlas es interminable; nunca se debilita, sino que se fortalece y refina cada día, impulsándonos a recordar que ¡la luz de las enseñanzas de nuestros profetas divinos nunca palideció después de su muerte, sino que se fortaleció todavía más!

61

Dondequiera que estés, ¡estás justo donde tienes que estar!

62

Engordamos nuestros cuerpos con las comidas deliciosas que se nos ofrecen cada día y olvidamos que hay otro tipo de alimento que es el que de verdad deberíamos consumir. Tu cuerpo es tu corcel y su establo es este mundo; ¡el alimento del caballo no es adecuado para el jinete!

63

Los eruditos han estudiado las ciencias y muchos otros campos, dominándolos a la perfección. No obstante, es una pena que en general sigan siendo del todo inconscientes de lo que es más importante para ellos y tienen más cerca, ¡su ser interno!

64

Un hombre que había oído decir muchas alabanzas sobre mí se encontró un día en mi compañía. Incapaz de contener su deleite, soltó que alguien que conocía le había hablado muy bien de mí, a lo que solo repliqué:

—Muy bien, entonces, veamos primero quién es este hombre que canta mis alabanzas. ¿Me conoce por mis palabras? Si lo hace, ¡entonces no sabe nada! ¿Ha visto alguna vez mi esencia? Si es así, entonces es capaz de decir alabanzas, ¡alabanzas de las que soy digno!

65

Soy un pájaro. Podría ser un ruiseñor o un loro, pero solo puedo cantar cantos de pájaro, porque ese es mi lenguaje innato. Soy incapaz de hacer cualquier otro sonido, a diferencia del hábil impostor que ha aprendido a imitar nuestra canción. Él no es un pájaro, sino más bien un enemigo y un cazador de todos los pájaros. Él ha aprendido a cantar para engatusarnos, pretendiendo ser uno de nosotros. Consigue tomar prestadas nuestras canciones, pero nunca puede adueñarse de una. Si le pides que haga algún otro sonido, es capaz de hacerlo con facilidad, porque es un ladrón que ha aprendido a robar de cada casa lo poco que puede llevarse.

66

Hablar con bondad de otros y alabarlos cuando la alabanza es debida es algo que se reflejará de una manera positiva en ti. Cuando nos acostumbramos a pensar bien de los demás, vivimos de manera muy parecida al hombre que planta flores y arbustos hermosos alrededor de su casa. Cada vez que mira afuera, siente como si hubiera entrado en el paraíso.

67

Estar pensando en tu amado es estar en un jardín de rosas donde tu alma se baña perpetuamente en dicha.

68

Cuando miramos a todos con ojos de sospecha, nos situamos en medio de un jardín de espinas infestado de serpientes venenosas. ¿Por qué no intentar amar a tantas personas como puedas? ¡Tal vez veas lo que se siente estando cada día en medio de rosas de exquisito aroma!

69

Se nos han dado herramientas que hacen conveniente que dirijamos nuestra vida, pero solo son un pretexto para ocupar las mentes de las masas mientras velan el verdadero funcionamiento de nuestro Creador.

70

Las cosas que decimos y hacemos, bien para alabar o para cuestionar a otros, un día volverán para perseguirnos o para inspirarnos esperanza.

71

Cuando nuestras mentes deciden ir a un lugar nuevo, nuestros corazones acuden allí primero para inspeccionar el terreno y luego vuelven para desplazar nuestros cuerpos hasta ese lugar.

72

Nuestro propósito vital y nuestras intenciones generales son los elementos más importantes de nuestra vida. Cuando nos enfocamos en nuestras intenciones, las dudas no pueden colarse. Los místicos de todo el mundo pueden tener diferentes aspectos y actuar de maneras distintas unos de otros, ¡pero su propósito es uno y el mismo: buscar la Verdad!

73

Déjate confiado en manos de Dios para evitar el peligro; nunca se ha dejado de oír la verdadera necesidad de alguien.

74

La mente es una herramienta necesaria para guiarte al palacio del Rey. Pero, una vez allí, debes divorciarte de ella porque se volverá contra ti y se convertirá en tu peor enemiga. En presencia del Rey, debes rendirte sin dudar, porque esta era tu voluntad original. Deja que te dé un ejemplo simple: un enfermo necesita una mente sana para ir al médico. En presencia del médico, la mente del paciente ya no le es útil, y debe entregarse en manos de la autoridad médica que él ha buscado de buen grado.

75

Tu secreto grita su anhelo espiritual, oculto en tu alma durante tanto tiempo, y oído con claridad por los Maestros. El resultado son los rugidos sonoros y tumultuosos que oyes estallar desde ellos, porque lo han entendido todo con una sola palabra tuya.

76

Hay interminables explicaciones para el amor, y sin duda has leído muchas de ellas y tal vez hayas entendido unos pocos secretos. No obstante, eres un novicio y todavía aprendes significados literales. Deberías saber que aún te queda por delante un largo y sinuoso camino, un camino que debes recorrer antes de poder experimentar la intensidad de la valiosísima comprensión espiritual que acompaña al verdadero amor.

77

Es imperativo que nos veamos unos a otros con ojos positivos y bien intencionados, pues los rasgos que a menudo asociamos con las personas no las representan tal como son. En una ocasión oí la historia de un hombre que afirmaba conocer muy bien a otra persona y podía señalar sus características específicas. Sus amigos le invitaron a describirlo:

—Es dueño de dos vacas negras ¡y las alquila!

La gente pretende tener amigos íntimos y, sin embargo, solo pueden describirlos con información como cuántas vacas tienen. Pero este tipo de información no es esencial con respecto a la persona; solo son hechos inútiles. Para descubrir el verdadero ser de tus amigos, tienes que ir más allá de las apariencias y ahondar más en su esencia a fin de vislumbrar la gema inmaculada en su corazón. Así es como acabas alcanzando la auténtica familiaridad con otra persona.

78

La gente siempre se enamora de lo que no puede tener. Está dispuesta a renunciar a la libertad para apropiarse de lo que en verdad no puede entender y nunca aprecia por completo lo que ha poseído por derecho desde el principio.

79

Un nuevo converso al islam estaba exasperado y se acercó al Profeta, descorazonado, quejándose en voz alta:

—No quiero esta religión tuya. Juro por Dios que no la quiero; ¡toma, te la devuelvo! Desde el momento en que adopté tu religión, no he tenido ni un solo día de paz. Mi riqueza desapareció al instante, mi esposa me dejó enseguida, ¡mis hijos me abandonaron uno tras otro! Ya nadie me respeta en esta ciudad y, como no tengo fuerza para mantener la cabeza alta, ¡ni siquiera puedo alardear de mi hombría!

El profeta replicó con solemnidad:

—¡Silencio! ¿No sabes que una vez que mi religión entra en el corazón de un hombre no se va nunca? Corta sus raíces y barre y limpia su casa de todo lo que él pensó que poseía. Mi religión nunca libera a nadie hasta que ha encontrado su propósito último en la vida. ¡Tú eres el ejemplo perfecto!

80

A veces, en la vida, encontramos a Dios cuando descubrimos su libro santo, el Corán. Sin embargo, también hay unas pocas creaciones especiales de Dios que primero se encuentran con Él directamente a través del espíritu, y después descubren Su libro en la tierra.

81

Mientras todavía albergues el menor rastro de apego a tu ego entrometido, no esperes encontrarte con el Amigo. Él no te mostrará Su rostro ni tampoco serás capaz de acercarte a Él. Solo cuando aprendes a perder el interés por lo que este mundo transitorio ofrece y te desvinculas de tu «yo inferior» puede el Amigo revelarse a ti.

82

Para montar una tienda de campaña, primero el jefe de la tribu debe ordenar a las hilanderas que fabriquen el hilo y a los tejedores que tejan la tela y las cuerdas. A continuación, los cortadores tienen que cortar el tejido al tamaño adecuado para que lo cosan las costureras. Solo entonces se puede dar la tienda a los hombres fuertes de la tribu, que la sujetan con cuerdas para asegurarla con firmeza al suelo. Hay muchas personas involucradas en el logro de esta única tarea, pero, como comparten el mismo propósito, en esencia todas son uno. Cuando examinas de cerca los asuntos del mundo, ves que cada cual sirve a un propósito y ofrece un servicio: desde el adúltero al piadoso, desde el rebelde al obediente, así como los ángeles y demonios.

83

¡Es hora de dejar de lamentarse! ¡Hay abundante alegría esperándonos sin dolor a la vista! No hace falta estar triste, pues divisamos la rosa sin espinas.

84

Día y noche te ocupas de buscar comodidades y alegrías mundanas, plenamente consciente de que son imposibles de conservar. Sin embargo, tú no renuncias. Déjame asegurarte que las pequeñas gratificaciones que encuentras en esta vida pasan en un instante, a la velocidad del rayo. ¡Y cuando estalla el rayo, qué calamidad de lluvia, nieve y granizo insufribles!

85

En la vida no hay manera de escapar del sufrimiento y el dolor; entonces, ¿por qué no intentar dedicar parte de tu tiempo a prepararte para lo que vendrá en el más allá?

86

Para las masas que fingen piedad, la Kaaba es la casa de Dios, pero, para los amantes, ¡la casa de Dios significa unión con el Amado!

87

Un maestro de pueblo sin dinero, cuya única posesión era una chaqueta de algodón que usaba en todas las estaciones, iba caminando hacia casa un día en lo más crudo del invierno y sus alumnos lo seguían un poco más atrás. Había habido una inundación repentina y las fieras aguas del río arrastraban a un oso, que tenía la cabeza sumergida. Los alumnos se dieron cuenta de la masa de pelo flotante y llamaron al maestro:

—Señor, mire, ¡hay una piel de oveja en el agua! ¿Por qué no intenta agarrarla y quedársela?

El maestro, desesperado por calentarse, se animó a cruzar el río y saltó sobre lo que imaginaba que era una piel de oveja. Al instante, el oso levantó la cabeza y lo agarró con sus zarpas, y ambos empezaron a flotar juntos sobre las grandes olas. Los alumnos llamaron al profesor, animándolo a salir del agua:

—Señor, traiga la piel consigo o, si no puede, suéltela y ¡sálvese!

—He soltado la piel —respondió gritando el pobre hombre, desesperado, intentando desenredarse—, ¡pero la piel no quiere soltarme a mí!

88

Doy gracias a Dios cada día porque no me ha dejado a mis propios medios, ¡y me mantiene incansablemente en Sus manos!

89

Cuando encuentres un vicio en tu hermano, presta atención, ¡pues la falta podría estar en ti! Date cuenta de que podría ser tu propio defecto el que estás proyectando en él. El mundo es un espejo que devuelve el reflejo de todas las cosas y nunca miente. Trabaja tus faltas para poder distanciarte de ellas. Y recuerda: a menudo, cuando te sientes molesto con los fallos de tu hermano, en realidad eres tú mismo quien te inquieta.

90

Cuando preguntaron a Manjun por qué estaba tan loca-
mente enamorado de Laily, que no era una gran belleza,
replicó

—No amo a Laily por su belleza. Laily no es solo una
cara, sino una vasija exquisita en mi mano de la que bebo
vino. Atesoro la vasija porque saboreo el vino que contiene. Pero tú, amigo mío, eres inconsciente del tesoro que
hay dentro de ti. Si quieres amar, ¡primero tienes que
entusiasmarte con el amor! Solo entonces podrás distinguir entre el vino y la vasija. Solo descubrimos el verdadero amor cuando sentimos hambre genuina del vino del
amor. No veo tu afán, ¿dónde está tu celo? No te quedes
atontado solo con lo que los ojos pueden ver; ¡permite
que el Amado aparezca ante ti en *todas las cosas*!

91

Cuando ves a las personas de pie, con la espalda vuelta hacia las tumbas de grandes hombres, esto no se debe a una falta de respeto ni a la ignorancia. De hecho, dan la espalda a los cuerpos terrenales de los sabios por respeto y deciden encontrarse cara a cara solo con sus almas ya liberadas.

92

Las palabras vienen a la vida porque las necesitamos. Tenías muchas ganas de oír mis palabras; por lo tanto, ¡se formaron! De ahí que la *necesidad* sea en último término la madre de las palabras.

93

Las cosas deben ser buscadas primero para poder ser halladas, ¡excepto el Amigo! Hasta que Lo encuentres, ¡no empezarás a buscarlo!

94

Buscamos sin parar lo que todavía no hemos encontrado porque anhelamos todo el tiempo algo nuevo. No es habitual seguir anhelando algo que ya hemos encontrado. Sin embargo, hay una cosa que las personas buscan a perpetuidad, incluso cuando creen haberla encontrado: la Verdad.

95

Cuando te unes a nuestro círculo de amistad y llegas a emborracharte de nuestro vino espiritual, ya no importa dónde vayas ni con quién socialices, pues siempre estarás con nosotros. Nuestra esencia se ha hecho una.

96

Si nunca has sentido el picotazo de la amargura, ¿cómo puedes conocer de verdad el valor de la dulzura?

97

Vamos corriendo a toda prisa y sin sentido de aquí para allá, como si temiéramos algo terrible, y el mundo entero se apresura con nosotros. Sin embargo, todas las personas y las cosas discurren por el camino que mejor les cuadra. Los hombres corren por la vida de una manera distinta a las plantas. Y este apresuramiento es, a su vez, distinto de la carrera a pie del mundo espiritual, que no deja huellas y es indetectable.

98

Se dice que, cuando morimos, todas nuestras oraciones, ayunos y actos de caridad son pesados en una balanza. Pero cuando la bondad se mide en el cielo, confunde las balanzas y demuestra ser imposible de cuantificar. De modo que haz de la bondad el rasgo más importante de tu vida. Si encuentras solo un ligero rastro de ella en ti, aliméntalo para que se vuelva abundante.

99

¡Amigo mío, nosotros no somos menos que la tierra! Trabajamos regularmente el terreno y eso apenas parece alterarlo. Sin embargo, con el tiempo, la tierra nos ofrece sus frutos. Si la hubiéramos dejado intocada, sin duda habría permanecido árida. Así como la tierra, cuando detectes una necesidad en tu corazón, no dudes de ti mismo ni te preguntes «¿De qué sirve todo este esfuerzo que estoy haciendo?». No dejes de hacerlo, aunque los resultados sean negativos. Con el tiempo se revelará la razón de tu trabajo.

100

Hay muchas personas que no tienen la fuerza de estar presentes espiritualmente y se sienten mejor cuando no se dejan ver. Es evidente que nuestra preciosa luz del día es el regalo del sol. Pero si miras fija e interminablemente su brillante luz, pronto te quedarás ciego y después te será imposible llevar a cabo muchas de las tareas que antes podías hacer.

101

Si debes mendigar, entonces mendiga a Dios; puedes estar seguro de que tus ruegos no se echarán a perder.

102

Amado mío, Tú nos presentas algo que parece exquisito, pero que en realidad es muy repulsivo, y algo más que parece horrible, pero en realidad es formidable. Por favor, te imploro que nos muestres todas las cosas tal como son para que no nos dejemos engañar ni engatusar para caer en trampas que nos confundan para siempre.

103

Me da un placer inconmensurable pasar tiempo con mis amigos. Disfruto de su compañía y espero que ellos sientan el mismo placer con la mía; sobre todo porque, en estos días, las personas pierden a sus amigos con demasiada facilidad. Es imperativo hacer el esfuerzo para verse, con independencia de las cualidades positivas o negativas que nos adscribamos a nosotros mismos, puesto que son rasgos que tomamos prestados y, en realidad, tienen poco que ver con nuestra verdadera esencia.

104

Estaban desesperados por atrapar al gato, pero la tarea demostró ser imposible. Entonces, un día, el gato cazó un pájaro y, mientras estaba ocupado en eso, lo atraparon. La moraleja de la historia es que no te involucres nunca con los asuntos de este mundo de modo que excluyas todo lo demás.

105

Cuando Dios desea resolver nuestros problemas, no lo hace uno por uno, sino todos a la vez, de modo que no queden preguntas.

106

El sonido de nuestros suspiros es agradable a los oídos del Salvador, de modo que no te sorprendas si se te dice:

—Mi fiel sirviente, cumplir tus deseos es tarea fácil para Mí, pero me da una inmensa alegría oír el sonido del lamento de tus oraciones y suspiros, pues surgen del fondo de tu corazón. Retrasaré el cumplimiento de tu deseo para poder disfrutar un poco más oyendo tu melodiosa voz, solo para deleitarme.

107

Un pájaro que desee tocar el cielo sabe sin duda que nunca lo alcanzará. Sin embargo, vuela más y más lejos de la tierra, elevándose por encima de todos los demás pájaros, hasta que lo único que queda ante él es el inmenso cielo. En el *zikr*, repetimos los noventa y nueve nombres de Dios en oración intentando acercarnos a Su esencia, conscientes de que es posible que nunca la alcancemos, pero confiando en nuestro corazón en que el proceso mismo será de tremendo beneficio espiritual.

108

La generosidad y bondad de nuestro Creador son ilimitadas; pero, para experimentarlas, ¡primero debemos con-
fiar en Él de todo corazón!

109

Si en verdad quieres conocer a la gente, ¡haz que conver-
sen contigo! Solo de sus palabras podrás aprender quié-
nes son en realidad.

110

El Profeta Mahoma entraba con frecuencia en trance y pronunciaba lo que él llamaba las palabras de Dios. A primera vista, podía haber parecido que era él quien hablaba, pero, en verdad, él ni siquiera estaba allí; solo Dios estaba presente. El lenguaje Divino no está manchado por palabras y sonidos; está más allá de nuestra comprensión. Sin embargo, si Él lo elige, puede expresar Su voluntad en cada palabra y en cada lenguaje conocido por el ser humano.

111

Dios puede tener cualquier cosa que elija, pero lo que prefiere sobre todo lo demás es un corazón claro y lleno de luz en el que Él pueda ver su propio reflejo.

112

Los profetas hablan todo el tiempo con lo Divino sin palabras ni sonidos, pero nuestras pequeñas mentes, con su limitada imaginación, son incapaces de concebir esto.

113

El Creador se ha asegurado de que tanto los pensamientos buenos como los malvados queden reflejados en nuestra expresión facial. Esto recuerda a la vida de las plantas, cuyas raíces, que nuestros ojos no detectan, las alimentan secretamente, y su efecto se vuelve aparente en sus hojas, flores y frutos. Nadie sabe lo que se esconde en tu conciencia, pero ¿cómo vas a esconder el aspecto de tu rostro?

114

Preguntaron en una ocasión a un sabio:

—De todos los lugares del mundo, ¿cuál es el mejor?

El respondió:

—Sin duda, el mejor lugar es donde vive nuestro amado, sea en las profundidades de la tierra o incluso en una pequeña ratonera.

115

Las imaginaciones de las personas difieren en gran manera. Por ejemplo, tanto un arquitecto como un constructor pueden imaginar una casa, pero las imágenes que ambos tienen en mente pueden estar a un océano de distancia.

116

Las personas se sienten fácilmente impresionadas por los actos milagrosos de otras, como viajar a la Meca en un día cuando el viaje debería llevar un mes. Para mí, este no es un milagro tan grande; ¡el viento también viaja al instante a cualquier lugar! Por otra parte, un verdadero milagro es cuando eres capaz de ayudar a alguien a salir de su miseria y lo enseñas a alcanzar un estado de paz mental. Si puedes sacar a alguien de la ignorancia e introducirlo en una sabiduría de la que se pueda beneficiar, o arrastrarlo fuera de su estado inanimado y ayudarlo a retornar a la vida real, ¡eso es un verdadero milagro!

117

Cuando se necesita que un nuevo fenómeno aparezca en el mundo, sea extraño o gloriosamente asombroso, Dios crea el deseo de él en los corazones de Su gente.

118

Para Dios, nada es extraño.

119

Estar enamorado es dicha, ¡pero también puede ser una trampa! Para cazar presas, tu trampa tiene que funcionar bien y, para que eso ocurra, tu amor debe ser verdadero. Exagerar tus sentimientos en la amistad o en la enemistad solo hace que la trampa pierda sentido y que en último término sea inútil. Es mejor seguir el camino medio en todas las cosas de la vida, lo que con toda certeza conducirá a la mejor de las relaciones.

120

¡Nuestro mundo se mantiene seguro y en pie debido a la ignorancia! Si no existiera la ignorancia, no existiría el mundo tal como lo conocemos hoy. De hecho, si fuéramos capaces de ver todas las cosas como de verdad son, es posible que preferiríamos resituarnos en el más allá, ¡nuestro hogar! Sin embargo, nuestro Creador prefiere que vivamos aquí y que ahora estemos presentes en la tierra y no en otra parte. Por lo tanto, Él designó a dos cuidadores, la ignorancia y la conciencia, de modo que nuestras dos casas siempre estén bien guardadas.

121

Los que están en el infierno son más felices allí que si estuvieran todavía en el mundo, porque allí recuerdan a Dios a cada instante, mientras que en su vida fueron totalmente inconscientes de Él. Y no hay nada más dulce que el pensamiento del Amado.

122

Los seres humanos son la culminación de sus pensamientos; el resto solo es piel y huesos.

123

En una ocasión, un hombre me preguntó:

—¿Qué es mejor que la oración?

Yo le di dos respuestas. Primero, el espíritu de la oración es mejor que la oración misma. Y segundo, ¡creo que la verdadera fe es mejor que la oración! Oramos cinco veces al día y es nuestro deber hacerlo. Sin embargo, nuestras oraciones pueden ser interrumpidas en cualquier momento y con la menor excusa las retrasamos, prometiéndonos volver a ellas más adelante. Sin embargo, la verdadera fe no se deja interrumpir por excusas frívolas; no hay lugar para la duda ni para el aplazamiento. Nuestra fe nos aporta mucho confort y beneficio sin rezar, pero rezar sin fe es inútil y solo para hipócritas.

124

Un interlocutor avispado es como harina en manos de un panadero, y las palabras son como el agua añadida a la harina. El panadero es el experto; él usará la cantidad apropiada de cada ingrediente como considere necesario.

125

Imagina que el sol que ilumina nuestro mundo desapareciera de la vista. Seguiría siendo el mismo sol, aunque no pudiéramos verlo, pero la tierra se cubriría de tinieblas. Por lo tanto, podemos deducir que el sol no está allí arriba por su propio bien, sino para el beneficio de otros, como en nuestro caso.

126

Sabiendo que la voluntad divina es diferente de la nuestra, todavía actuamos de acuerdo con nuestros deseos egoístas. Echa una mirada a cuántas interpretaciones distintas hay del libro sagrado, ¡y en tantos volúmenes! La única intención que estos escritores consideran sagrada es presumir de su supuesto conocimiento.

127

Debemos tener cuidado de no pedir que las cosas nos sean dadas con rapidez, sobre todo porque tenemos un hambre constante de muchas cosas que creemos que serán beneficiosas para nosotros, aunque por lo general solo nos traen desdicha.

128

La gente viene de lejos para oírme hablar y, si no lo hago, se sienten molestos, ofendidos, y se van criticándome. Yo deseo hablar de un tema que sea digno de ellos, pero, si lo hiciera, sería yo quien se sentiría ofendido. Ellos deducen que evito su compañía, pero seamos honestos: ¿cuándo ha huido el fuego del puchero? Suele ser el puchero el que se va corriendo porque ya no puede soportar el calor. Cuando me mantengo alejado, es porque la gente no puede tolerar mis palabras, pues soy un espejo en el que ellos ven la *totalidad de sí mismos* y no tienen la posibilidad de escapar.

129

La exageración no es saludable, ¡ni siquiera en lo relativo a la modestia! Ejercer la modestia gradualmente y en pequeñas dosis acaba siendo la mejor política, tanto en las amistades como en las enemistades. Es así como se conducen los asuntos del mundo. ¿Has notado la pacífica camaradería de la primavera? Al principio, se vuelve un poco más cálida y después acelera el ritmo para acabar siendo tórrida. Nota los árboles, cómo sonríen inicialmente y después, poco a poco, sacan las hojas y producen los frutos que acaban ofreciéndonos sin esperar nada para nuestro completo deleite, como el perfecto sufí.

130

Tanto los ateos como los hombres piadosos alaban al Creador a su manera. Se nos enseña que, si vivimos con honestidad y de acuerdo con el camino de los profetas, experimentaremos una inmensa alegría y luz en nuestra vida. Y si, como bellacos, no nos adherimos a esos principios, afrontaremos un inmenso temor y oscuridad y nos sucederán desastres insuperables. Pero tanto los ateos como los hombres piadosos hacen lo que Dios les ha ordenado hacer. De modo que, en realidad, ambos están alabándolo igualmente, cada uno a su manera.

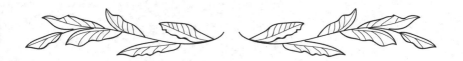

131

Los pensamientos son delicados y finos; fueron creados por lo Divino, de modo que nadie puede enfadarse con ellos ni tratar de gobernarlos.

132

Un ladrón fue pillado y debidamente ajusticiado. Él sirve como ejemplo perfecto para las masas, pues su situación demuestra que quien roba sufrirá un destino similar.

133

Hay mensajeros divinos que han contemplado muchos mundos además del nuestro y que han viajado lejos en el más allá. Por eso, nuestro mundo debe parecerles bastante pobre. ¡Qué maravilla imaginar que alguien de entre nosotros pueda alcanzar un estatus tan exaltado como para ser capaz de contemplar el universo entero!

134

Cuando necesito buscar aprobación, me dirijo a la Divinidad, no a la gente, porque su amor, bondad y cuidados solo son temporales ¡y han sido tomados prestados de Dios!

135

Estar inmerso en los asuntos de este mundo es, sin duda, insensato. ¿Por qué no intentar tomarse la vida con tranquilidad y evitar enredarse con problemas sin importancia, como preocuparse constantemente de cómo no ofender a una u otra persona?

136

Mi cuerpo puede estar de pie en la orilla, ¡pero mi espíritu es el mar interminable mismo!

137

Declaras con orgullo que has llenado tu botella de agua del mar ¡y que el mar entero cabe perfectamente dentro de ella! ¿No habría sido más apropiado confesar que tu irrelevante botella había desaparecido dentro del mar?

138

Cualquier cosa que cause separación entre el Creador y nosotros no debería ser tolerada. Aunque todo viene de Dios, no todo es siempre bueno para Dios.

139

El suave aleteo de las hojas, las lozanas flores y el nuevo verdor de los prados señalan la llegada de la primavera conforme los baña una suave brisa. Así es como disfrutamos la belleza de la primavera. Pero si tratamos de entender la esencia de la brisa primaveral, no detectamos ninguno de estos elementos sublimes.

140

Cuando digo que el Creador no está en el cielo, lo que quiero decir es que el cielo, tal como lo conocemos, es incapaz de contener al Creador. De hecho, es el Creador quien contiene al cielo.

141

Mezclarse con los ricos y poderosos no es peligroso *per se*. A veces, es verdad que tal compañía puede amenazar tu vida y que puedes arriesgarte a perder la cabeza en cualquier momento, pero, todos acabamos muriendo. El verdadero peligro reside en el hecho de que los egos de las personas poderosas están tan inflados que, inevitablemente, afectan a aquellos con quienes socializan, sobre todo si estos asociados aceptan favores con rapidez. Es natural que, una vez que aceptas cosas gratuitas, tiendas a hablar favorablemente de los donantes y no quieras enfadarlos, incluso si sabes que están contando mentiras. Cuando te pones del lado de estas personas, estás obligado a crear distancia entre ti y el Amado; cuanto más atraído te sientas hacia ellas, más alejará Su rostro de ti el Amado. Cuanto más haces la paz con estos hombres mundanos, ¡más activas Su ira! Como se menciona en un *hadiz*, «cuando ayudas a un malvado, Dios le permite gobernar sobre ti».

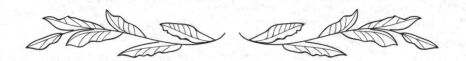

142

El Creador del pensamiento es infinitamente más sutil que el pensamiento mismo.

143

En invierno, nuestro aliento se hace visible en el aire frío, pero esto no significa que en verano dejemos de respirar. La respiración es sutil, como el verano, y nuestra esencia —así como todas nuestras cualidades— es tan delicada como el verano, y sigue siendo invisible a menos que sea revelada a través de una acción.

144

Decir la verdad con pleno conocimiento de que creará animosidad entre dos hermanos, o exponer sin necesidad la falta de alguien ante sus amigos, en el islam se considera chismorreo y está estrictamente prohibido.

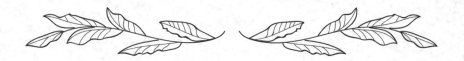

145

¡Estoy molesto porque mis palabras no están bajo mi mando! Quiero dirigirme a mis amigos, ¡pero mis palabras no me obedecen! Al mismo tiempo, estoy contento de que mis palabras me hayan dominado y me hayan hecho prisionero, puesto que se han convertido en las palabras del Creador. Y donde Sus palabras son pronunciadas, siempre florece nueva vida.

146

¡La ignorancia debe ser bien recibida y saludada como un fenómeno que nos salva la vida! Si nosotros, los humanos, solo tuviéramos inteligencia y no ignorancia, pronto nos agotaríamos y moriríamos. En efecto, la ignorancia protege a la raza humana; de hecho, dependemos de ella para nuestra existencia misma. Es imperativo darse cuenta de que los opuestos se sustentan, se mantienen y se completan mutuamente, como la noche y el día, que parecen ser opuestos, aunque, en esencia, ambos apoyan el mismo objetivo. Si siempre fuera de noche y la oscuridad envolviera todas las cosas, se conseguiría muy poco. Asimismo, si siempre hubiera luz, todos estaríamos mirando boquiabiertos al sol distante y poco a poco nos quedaríamos ciegos y nos volveríamos locos. A nosotros, los opuestos pueden parecernos contrarios, pero en el gran esquema del universo son compañeros armoniosos.

147

Me pregunto qué acto malvado no implica, en algún sentido, un elemento de virtud, y qué acto honesto no contiene un rastro de maldad. Por ejemplo, un hombre ha planeado asesinar a alguien, pero, antes de cometer el acto, practica el adulterio y se olvida del asesinato. En este caso, el adulterio, considerado un pecado, impide un derramamiento de sangre. Por lo tanto, a veces cometer un pecado puede, en efecto, impedir que más adelante se cometa otro delito mayor.

148

Una mañana, el rey Ebrahim de Adham fue a cazar. Mientras perseguía ferozmente a un ciervo, se separó de su séquito. Continuó persiguiendo a su presa, ignorando el agotamiento de su caballo, mientras el pobre animal se iba empapando de sudor. Apuró la persecución más allá de lo razonable, hasta que, de repente, el ciervo se detuvo, se giró para encararlo y empezó a hablar:

—Ebrahim, no fuiste creado para cazarme. ¡No soy la razón por la que fuiste traído a esta vida! Imaginemos por un momento que me cazas. ¿Y después qué? ¿Para qué es todo esto?

Cuando el rey oyó estas palabras, se puso a chillar sin control, se arrojó de su caballo al suelo pedregoso y perdió la conciencia. Después de un rato, al volver en sí, vio a un pastor que estaba por allí y lo llamó. Se quitó sus ropajes regios, sus joyas y su preciosa armadura y se las dio al pobre pastor, junto con su valioso corcel, diciendo:

—Toma todo esto y quédatelo, es tuyo. Dame a cambio tu chaleco de fieltro ¡y nunca menciones a nadie que viste al rey en tal estado!

Contento de ponerse el viejo y sucio chaleco, desapareció en la distancia, sin jamás mirar atrás.

¡Qué distinta era la intención original de Ebrahim de Adham de la que el Creador tenía para él aquel día! Él solo quería cazar un ciervo, ¡pero el Señor lo convirtió en la presa del ciervo!

149

Las personas se vuelven desagradecidas cuando no pueden satisfacer todos sus deseos porque la avaricia les cie-
rra los ojos a aquello que la gracia ya les ha concedido.

150

Somos como un cuenco llevado a la orilla del agua. No es
la voluntad del cuenco haber sido llevado allí; más bien,
el agua ha querido que el cuenco esté allí. Algunos de
nosotros sabemos esto, mientras que otros permanecen
en completa oscuridad.

151

En la vida, ¡todo ocurre porque Dios lo quiere!

152

¡Todos albergamos un deseo secreto de exhibir nuestra belleza! Muchas mujeres, que están obligadas a cubrirse, de vez en cuando salen y muestran su rostro para comprobar si son deseadas.

153

Alá es sutil. ¡Su ira es sutil e incluso al deshacerse de nosotros es sutil! No obstante, su sutileza se revela aún más cuando Él resuelve nuestros enigmáticos problemas. Cuando un día sea liberado de este mundo material, no culparé a la enfermedad ni a la vejez. Más bien, me sentiré agradecido porque, debido a Su pura bondad, los velos que me habían cegado toda mi vida finalmente se habrán levantado ante mis ojos, revelando Su divina corte en el próximo mundo.

154

Luchar duro por alcanzar tu propósito es un medio de conseguirlo; ser receptor de la gracia es otro. A lo largo de la historia, los profetas no alcanzaron su elevada estatura a través del esfuerzo espiritual; más bien, encontraron su reverenciada posición mediante la bondad y el patrocinio de lo Divino.

155

No todos los patíbulos están hechos de madera. Posición y estatus, reputación y riqueza, también pueden ser grandes patíbulos. Cuando Dios desea ponernos a prueba, nos otorga extensos reinos, riqueza ilimitada y una posición envidiable en la vida.

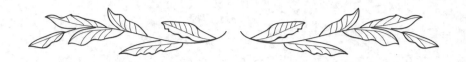

156

¡Ser un derviche (místico sufí) es ser uno con los derviches en todas partes! Cuando una extremidad sufre, también lo hacen las demás.

157

Un verdadero amigo se sacrifica por su amigo y no duda en lanzarse a un torbellino por su bien.

158

Los piadosos renuncian a sus vidas por el Amado; entonces, ¿por qué debería preocuparles el peligro o perder
una extremidad? Su destino último es alcanzar lo Divino; por tanto, ¿qué necesidad tienen de los apéndices
que les fueron dados originalmente para caminar en este
mundo? Una vez que retornan al dador de la vida, ¿por
qué habrían de preocuparse de perderlos?

159

Nuestros caminos en la vida son variados, pero el destino siempre es el mismo. Por ejemplo, para llegar a La Meca, puedes seguir un número infinito de caminos, cada uno distinto del otro. Sin embargo, si cambias de visión y en verdad miras más de cerca al propósito de estos caminos, ves que todos están conectados. De hecho, están unidos porque, en último término, todos conducen a la Kaaba: la casa de Dios. Una vez dentro de la Kaaba, los peregrinos ven que todas las contradicciones se desvanecen al instante; reconocen que todas las discusiones y peleas, la culpa y la difamación que ocurrieron durante el viaje, pertenecen al camino y no tienen sitio en el destino final. Cada peregrino llega a darse cuenta de que la intención y el propósito de todos siempre ha sido uno y el mismo.

160

Cuando te apresuras y exageras al comienzo de una tarea, tu trabajo permanecerá inacabado y el resultado final será insatisfactorio.

161

Los peregrinos se cuentan unos a otros que van a La Meca, pero entre ellos están los que dicen «Dios mediante, tengo intención de ir a la Meca». Estos últimos son los amantes que nunca se perciben a sí mismos en control de su destino. Más bien, ven el operar del Amado en todo momento y se limitan a admitir que solo cuando Él lo quiera serán acogidos en Su casa.

162

Después de exilar a Adán del cielo, Dios le preguntó:

—Adán, ¿por qué no me rebatiste cuando te causé tanto dolor? Tenías todas las razones para hacerlo y habrías estado en tu derecho. Podrías haber argumentado que todas las cosas que ocurren en este mundo son Mis actos y se deben a Mis creaciones. Podrías haberme confrontado, diciendo que siempre es Mi deseo lo que se manifiesta en el mundo y que lo que Yo no deseo nunca ocurre. ¡Tenías una buena causa para pedir justicia, pero no lo hiciste! ¿Por qué?

—Amado mío, mi amor por Ti me impide incluso concebir el corregirte. Sabía que tenía el derecho, ¡pero elegí no olvidar mis buenas maneras delante de Ti!

163

Los pensamientos son como pájaros planeando y como ciervos salvajes; ¡no has de intentar atraparlos, aprisionarlos en una jaula e intentar venderlos! Mientras nuestros pensamientos permanecen en nuestras mentes, no pueden ser etiquetados y son imposibles de gobernar. ¿Has oído alguna vez que un juez condene a alguien por pensamientos que no llevó a cabo?

164

Cuando te encuentres en presencia del guía perfecto, guarda silencio, entrégate a él y espera. Escucha con cuidado, porque es posible que de repente te ofrezca guía pronunciando solo una palabra. También es posible que te descubras albergando un pensamiento que no te es familiar, o una palabra podría deslizarse involuntariamente de tu lengua y te dé una indicación del estado espiritual de tu guía. Puedes estar seguro de que lo que estás experimentando es el elevado estado de conciencia de tu guía, porque él se ha impreso a sí mismo en ti.

165

¿Cuál es el verdadero propósito de las palabras? ¿Es iluminarnos a través del debate y el intercambio de ideas? En realidad, el propósito de las palabras no es solo traernos el objeto de nuestro deseo, sino *excitarnos* y crear en nuestro corazón el *anhelo* de buscar la Verdad.

166

En realidad, el pan no es la razón por la que estamos vivos, pero se lo considera nutritivo y sustentador de la
vida. Sin embargo, puesto que es una entidad inanimada
y no tiene vida propia, ¿cómo puede ser nutritivo? Si de
verdad tuviera alguna fuerza de vida, ¡se daría vida a sí
mismo!

167

En estado de éxtasis, la gente puede gritar *An al Haq,* que significa «No hay nadie más que Dios». También pueden expresar su devoción diciendo *An al Abd*, que significa «Soy el sirviente, el esclavo y adorador de Dios». Cuando estás en el estado espiritual de *An al Haq,* estás en el máximo estado de humildad, porque te has olvidado de ti mismo y solo puedes ver al Amado. En este estado ya no hay dualidad; no hay más tú ni yo. Solo hay Tú. Cuando estás en el estado de *An al Abd*, en el que afirmas ser el sirviente, el esclavo y el adorador de Dios, todavía hay Tú y yo: dos entidades separadas, abarcando la dualidad. En *An al Haq*, no hay yo, todo es Él. Aparte de Dios, no hay nada más. Este es el estado último de humildad.

168

En una ocasión, cuando llegaron unos invitados importantes al palacio del rey, él ordenó a sus siervos que prepararan la mesa con la mejor vajilla y los mejores cubiertos de la corte, que tenían incrustadas gemas preciosas. A la hora de la comida, los sirvientes, cada uno con un cuenco o con un plato en la mano, se pusieron en línea para servir a los invitados. Cuando el rey entró en el salón, su sirviente favorito y más dedicado, que también sostenía un plato, le echó una mirada y, abrumado por el poder del puro amor que sentía por su maestro, de repente perdió la compostura y dejó caer al suelo la exquisita porcelana. Los otros sirvientes siguieron su ejemplo al instante. En un abrir y cerrar de ojos, la vajilla más preciosa de la corte se quebró, dejando millones de fragmentos extendidos por el suelo del comedor. El rey estaba furioso y los regañó con dureza:

—Pero, excelencia —murmuraron con humildad—, hemos seguido el ejemplo de tu favorito. ¡Él ha sido el primero en dejar caer la vajilla!

—¡Idiotas, él no la ha dejado caer; lo he hecho yo!

169

—¿Qué te gustaría tener? —Dios preguntó al místico Bayazid.

—¡Yo quiero no *querer*! —replicó Bayazid al instante.

170

Oímos palabras de sabiduría de los labios de diferentes maestros y guías que no podrían ser más distintos unos de otros. Sus mensajes, que superficialmente parecen dispares, son, no obstante, uno y el mismo en esencia, porque la Verdad absoluta es constante y no cambia nunca. Y el camino para encontrar la Verdad es, en verdad, el camino único.

171

Cuando te encuentras una serpiente venenosa enroscada sobre el cofre del tesoro, más vale que alejes la atención del peligro que implica y que te enfoques, en cambio, en las valiosas gemas que guarda.

172

—¡Purificad vuestros pensamientos, súbditos míos! —dijo el Creador—. ¡Pues han ocupado el espacio que me pertenece!

173

Jesús de Nazaret se reía todo el tiempo, mientras que Juan el Bautista solo lloraba. Un día, Juan le preguntó a Jesús:

—¿Te ríes tan libremente porque estás seguro de que estás a salvo de la astucia sin rival de Dios?

—¿Has perdido del todo el contacto con la ilimitada benevolencia del Amado que lloras todo el tiempo? —replicó Jesús.

Un sabio que estaba cerca y oyó la conversación se volvió con serenidad hacia Dios y Le preguntó:

—¿Cuál de estos dos hombres tiene una posición más elevada en Ti, mi Señor?

El Creador respondió:

—Estoy presente donde mi súbdito piensa que estoy, porque todos son diferentes y tienen una comprensión distinta de Mí. Cualquier cosa que mis súbditos imaginan que soy, Yo soy eso. Así, limpiad vuestros pensamientos, sirvientes míos, porque ahí es donde Yo resido.

174

Yo soy el esclavo de ese pensamiento que abraza la Verdad. ¡Aborrezco cualquier cosa verdadera en la que lo Divino no está presente!

175

Hay un dolor en el corazón de mi amigo que nada puede aliviar —ninguna medicina conocida ni alimento, ni tampoco ninguna diversión, ni siquiera el sueño pacífico—, ¡nada excepto la esperanza de encontrarse con el Amigo!

176

Solo existe Dios y nada más, y hasta que entendemos esta realidad y matamos a nuestros yoes abrumados de ego, Su luz no se revelará a sí misma. Hasta entonces, Él no se volverá uno con nosotros, de modo que se pueda poner fin a toda dualidad.

177

Cuando conecto con un amigo, estoy presente y consciente, siempre en comunicación con él, incluso cuando estamos en silencio y separados físicamente. Permanecemos conectados como uno y seguimos conversando incluso cuando luchamos e intercambiamos golpes para herirnos uno al otro. No nos fijamos en los golpes, pues sabemos que, escondidos dentro de ellos, hay incomparables gemas preciosas. Otros pueden cantar alabanzas a mi amigo de diversas maneras; uno puede escribir poesía para él mientras otro compone páginas de elogios en prosa. Estos admiradores abundan, pero mi amigo sabe cuáles son mis intenciones y me ama profundamente porque ve algo que está más allá de lo que encuentra en otros. Al fin, ha descubierto una luz distinta.

178

Todo sufrimiento surge de desear algo que es imposible tener. Cuando no quieres nada, no hay sufrimiento innecesario.

179

Una mente valiosa es la que puede contener secretos; de no ser así, ¿para qué nos sirve?

180

Cuando la naturaleza te ofrece su pecho, rebosante de la leche de la abundancia, ¡debes beber y deleitarte! El pecho puede estar lleno, pero, a menos que aproveches la ocasión y chupes, la leche no fluirá libremente.

181

Los cultos están cansados de acercarse a nosotros porque temen perder todo lo que han aprendido de forma tan ardua. ¡No saben que su conocimiento solo florece de verdad cuando vienen a nuestras reuniones!

182

En el mundo del espíritu, las conversaciones ocurren sin palabras ni sonidos, y a nuestras pequeñas mentes les cuesta concebirlo.

183

Apareció un destello de luz, dio un beso a un alma que estaba esperando ser iluminada ¡y después desapareció! Había cumplido su propósito.

184

Cuando nos topamos con una pesada puerta y un candado imponente, asumimos que dentro hay objetos preciosos que han de ser protegidos. Por lo tanto, podemos concluir que, cuanto más preciosas las gemas, más considerables los velos de protección.

185

Un místico no ve el fenómeno de la vida como lógico y racional; más bien, ¡ve la vida a través de los ojos de la visión interna y la intuición!

186

Para los pecadores, el infierno se convierte en una casa de adoración ¡porque es allí donde se les recuerda la existencia de lo Divino!

187

¿Cuán valiosas son las palabras de un orador que no puede mantener la atención de su público?

188

Para llegar a la luz que existe dentro de nosotros, necesitamos dar un salto de fe a fin de liberarnos del yugo de nuestra ansiedad destructiva. Una vez que hemos visto esa luz, todos los asuntos superficiales de este mundo palidecen ante nuestros ojos.

189

Al seguir el camino de Dios, de vez en cuando debemos poner a prueba a nuestros amigos para no quedarnos al final con una agónica sensación de pesar.

190

A veces me doy cuenta de que alguien se ha quedado dormido durante mi charla. Instintivamente, sé que no es debido a la ignorancia; más bien, se sienten cómodos y seguros en mi presencia. Mis palabras alimentan el alma porque surgen de un lugar seguro, pues solo relato la sabiduría de los grandes maestros. Cuando las almas se topan con un conocimiento que les es familiar, pierden el miedo y se sienten seguras sabiendo que pronto las envolverá un estado de pura dicha.

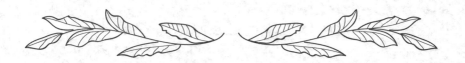

191

Las palabras son ilimitadas, pero solo se nos ocurren de acuerdo a nuestra capacidad. La sabiduría, como la lluvia, es inconmensurable en su fuente, pero se comunica mediante el discernimiento.

192

Los sabios y contemplativos entienden todas las cosas con unas pocas palabras; tras oír una frase, ¡ya se saben todo el libro!

193

Cuando doras tus palabras se pierde su propósito original.

194

¡Vivimos en un mundo onírico y solo podemos conocer su significado en el mundo siguiente!

195

No podemos esperar descubrir una perla mirando fijamente al mar. Hace falta un buzo capaz, rápido y con suerte que entre en las profundidades fangosas para conseguir la gema.

196

Es posible que los árboles no tengan hojas ni frutos en invierno, pero no imagines ni por un momento que están dormidos, porque están trabajando sin parar. El invierno es el tiempo de ahorrar, mientras que el verano es el tiempo de gastar. Lo gastado se hace evidente para nosotros, pero seguimos siendo inconscientes de cómo se ahorra algo originalmente.

197

Manjun empezó a escribir a su querida Laily:

—Sobre mis ojos, deja descansar tus pensamientos. En mi lengua fluye tu nombre. En mi corazón, tu amor está eternamente vivo. Entonces, ¿a quién debería escribir esta carta cuando tú estás siempre presente conmigo?

En este punto, su pluma se quebró y el papel se desgarró.

198

Un hombre viajó una gran distancia para visitar a su viejo amigo, el profeta José. Después de intercambiar las cortesías iniciales, José le preguntó qué le había llevado como recuerdo de su país. El amigo replicó:

—Pensé arduamente y durante mucho tiempo en un regalo para ti, amigo mío. ¿Qué podrías necesitar que no tengas ya? No hay nadie más hermoso que tú en el mundo, ¡de modo que te he traído un simple espejo! Cada vez que lo mires, puedes estudiar tu perfecta cara, la encarnación de la belleza.

¿Qué podría el Todopoderoso necesitar que no tenga ya? Él desea un corazón claro en el que poder ver Su propio reflejo.

199

Cuando vemos hojas lozanas y sanas y frutos en los árboles, lo mismo que está ausente en un árbol de hojas
marchitas, sabemos que las raíces han tenido alimento
de calidad. Es difícil de ocultar.

200

¿De dónde surgen nuestros pensamientos e imaginación
si no es del Creador de todos los pensamientos e imágenes? ¿Podría ser que, como Él está tan cerca de nosotros,
seamos incapaces de verlo?

201

Alguien preguntó al Profeta:

—Entiendo que el espíritu de cada cosa es único, pero ¿puedo aproximarme a este espíritu a través del fenómeno físico que él habita?

El Profeta replicó:

—Ante ti está la extensión de la tierra física y del cielo; intentemos comprender el significado del universo a través de ellos. Cuando observas la organización que está detrás de los ciclos de la tierra —como la lluvia estacional durante el invierno y el verano o el cambio de la noche al día—, ¿supones que todo ello ocurre al azar? ¿No te das cuenta de que alguien debe ser responsable? Puedes encontrar a ese alguien a través de los elementos físicos de este mundo y buscar la guía adecuada. Del mismo modo que aprendes sobre la esencia de las personas encontrándote con su ser físico, puedes entender el significado del universo a través de sus fenómenos concretos.

202

El Amado tiene muchos rasgos, dos de los cuales son ira y bondad. Mientras que aquellos que creen en Él son ejemplos de Su bondad, quienes no creen personifican Su ira. Los mensajeros divinos, no obstante, son la encarnación de ambos.

203

Mi lenguaje es similar al antiguo soriyani, que ya nadie habla, de modo que no supongas que puedes entenderlo. Por mucho que hayas estudiado, estás muy lejos de entenderme de verdad. Para captar de verdad mis pensamientos, ¡debes aprender a *no* entender! Lo que hayas podido entender hasta ahora solo te ha servido como una cadena para retenerte. Es la causa de toda tu pena y descontento y te ha dejado con las manos vacías. Si quieres ser eficaz, ¡debes liberarte de todo aquello en lo que has creído hasta ahora!

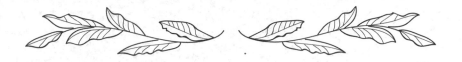

204

Cuando el Creador manifiesta Su gloria velada sobre una montaña, se cubre de verdor precioso y lozano y de coloridas flores. Pero si Él revelara Su gloria sin velos, no quedaría nada en la ladera, pues todo estallaría en mil pedazos, ¡incapaz de soportar su puro poder!

205

Un espejo no tiene una imagen que sea suya. De modo que, cuando ves un reflejo, es el de otro.

206

Hay muy pocos hombres extraordinarios entre nosotros que destacan por sus buenas obras, por ayudar a los necesitados y llevar a cabo las tareas más arduas en las situaciones más implacables. Sin embargo, ocultan sus verdaderos rostros, pues consideran sus tareas y logros insignificantes en comparación con lo que el Creador hace regularmente.

207

Jesús deambulaba por el desierto cuando, de repente, se desató una tormenta. Se refugió en la esquina de una cueva donde una lince había dejado su camada. Todas las crías estaban dormidas. Pronto captó el mensaje: «¡Vete de la casa de la lince! Sus crías no pueden descansar si tú estás presente».

Jesús pensó, sereno: «Amado mío, hasta las crías de lince tienen un hogar y un refugio y el hijo de María no tiene nada de esto; ¡ni tampoco tengo una posición que mantener en esta vida!».

Calmando la preocupación de Jesús, el Señor replicó: «Las crías de lince pueden tener un hogar, pero no tienen un Amante como Yo, ¡que les guía en todas las cosas!».

208

¡El dolor puede servirnos de guía mientras nos esfor-
zamos por completar nuestros empeños! A menos que
experimentemos el dolor del amor y del anhelo, no nos
moveremos para alcanzar nuestros objetivos.

209

El cuerpo es como la Virgen María y cada uno llevamos a
Jesús dentro de nosotros. Cuando comienzan los dolores
de parto, ya es la hora de que Jesús nazca. Pero si nunca
sentimos el dolor, Jesús retornará a su morada original
por el mismo camino oculto por el que vino, negándonos
la gloria de su existencia.

210

En el camino a La Meca, un peregrino se separó de su cara-
vana y pronto se perdió en el desierto. Sediento y agotado,
estaba a punto de perder la conciencia cuando divisó a lo
lejos una tienda raída. Con dolor, se esforzó como pudo
para arrastrar los pies en aquella dirección. Al acercarse,
vio que una mujer salía de la tienda. Con cuidado de no
asustarla, movió la mano débilmente y gimió:

—¡Soy un peregrino y estoy perdido! Por favor, ayú-
dame.

Se acercó despacio a la mujer, se sentó e imploró un
poco de agua. Ella sacó toda una jarra y se la pasó. Él
bebió agradecido, sin reaccionar al hecho de que el agua
estaba más salada que la sal misma. Mientras tragaba,
sus labios, su boca y todo su interior ardía, pero no se
quejó por educación. En cambio, ofreció a la mujer indi-
gente un valioso consejo:

—Me siento muy en deuda contigo por salvarme la vida
y quiero ofrecerte una información que podría aportar
mucha comodidad a tu hogar. No lejos de aquí hay ciudades prósperas como Bagdad, Kufa y muchas otras a las que
puedes llegar en un día, incluso si estás enferma y tienes
que arrastrarte para llegar allí. En todas esas ciudades tienes garantizado un abastecimiento ilimitado de agua dulce y nunca tendrás que volver a sufrir innecesariamente.

Unos pocos minutos después llegó el marido, sostenien-
do con orgullo unas pocas ratas del desierto que había

cazado para la cena. Compartieron su frugal cena con el peregrino, que aceptó su hospitalidad, aunque con renuencia.

Más adelante aquella noche, después de que el invitado se hubiera quedado dormido fuera de la tienda, la mujer contó al marido la información que le había revelado el peregrino. Cuando él la oyó, se rió y dijo:

—¡Mujer, no escuches esas tonterías! El mundo está lleno de gente celosa que no puede soportar que otros vivan con comodidad, habiendo alcanzado una posición elevada en la vida. ¡Su única intención es desalojarnos para aprovecharse de nosotros!

Algunas personas son extrañas; fácilmente confunden la bondad con los celos para su propio perjuicio.

211

Al principio resulta desalentador abrazar plenamente la vida espiritual; sin embargo, cuanto más perseveras, más dulce se vuelve el reto. Nuestros apegos terrenales, por brillantes y deseables que sean, con el tiempo perderán su lustre y poco a poco empezarán a disiparse. Y cuanto más tiempo estamos con ellos, más frías se vuelven nuestras almas.

212

Estar enamorado es un regalo que no tiene precio porque recibimos nuestra fuerza y la voluntad de vivir de nuestros seres queridos. Si el pensamiento de un amante terrenal puede otorgarnos vida, ¡imagina lo que puede hacer el amor de nuestro Amado!

213

Imagina a una anciana desdentada, con la piel rasposa y arrugada como la de un cocodrilo, acercándose confiada para retarte:

—¡Joven, dices que eres hermoso y tienes un cuerpo saludable! ¡Te voy a ofrecer la oportunidad de tu vida! Ven y tómame ahora mismo, como un jinete tomando el control de las bridas de su corcel, ¡y muéstrame tu verdadera hombría!

Incluso si fueras un santo, responderías:

—¡Dios no lo quiera! Lo has entendido mal, ¡yo no soy un hombre! ¡Lo que puedas haber oído de mi hombría solo es un cuento! No hay verdad en ello, ¡te lo prometo! En un lugar donde tú eres la única mujer disponible, ¡es mejor no ser un hombre en absoluto!

214

A pesar de sus insuperadas cualidades, el Profeta era muy consciente de la importancia de la humildad. Nadie consiguió nunca saludarlo antes de que él ya lo hubiera hecho, y siempre con sus ojos bajos en un gesto de modestia.

215

Las personas son distintas en todas partes. Algunos viven de manera simple y están contentos, enfocándose solo en el día de hoy, mientras que otros eluden el hoy y fijan sus ojos en el final del viaje de la vida. Estos últimos son encomiables porque ejercitan la previsión y les preocupa la vida en el más allá, pero los primeros son aún más especiales porque no se preocupan por el futuro en absoluto. Saben que han plantado trigo y están seguros de que no cosecharán cebada.

No obstante, todavía hay otro grupo al que no le preocupa en absoluto ni el presente ni el futuro, pues están ocupados con el amor de Dios. Están desfasados con respecto a sus contrapartes, que pueden estar igualmente despreocupados con el ahora o el después, cuyo desapego se debe a su ignorancia y total absorción en la vida material. ¡Estos son los que sirven para alimentar los fuegos del infierno!

216

Todos nosotros trabajamos para el Espíritu, aunque ignoramos este hecho. Nos ocupamos de las rutinas diarias de nuestras vidas, adhiriéndonos a las metas que hemos elegido mientras permanecemos inconscientes de la intención original del Creador para nosotros. Dios en verdad desea que sobrevivamos y florezcamos, pero nosotros elegimos sobre todo ahondar en los asuntos de la carne, dormir con mujeres por placer y concebir innecesariamente aún más hijos. Sin embargo, al alimentar sus deseos, el hombre sin duda contribuye a la supervivencia de la humanidad y a la continuación del orden mundial, que en el origen tenía otra intención distinta.

217

Un simplón se jactaba:

—Por fin he conseguido demostrar racionalmente la existencia de Dios.

Shams (el guía y mentor de Rumi) le provocó:

—¡Ayer por la noche me preguntaba por qué tantos ángeles habían descendido del cielo a la tierra celebrando y rezando solo por *ti*! ¡Ahora veo que has logrado demostrar la existencia de Dios! Que Él te otorgue una larga vida, ¡pues has prestado un gran servicio a la humanidad!

Después de una breve pausa, Shams continuó:

—Dios es absoluto y no necesita demostraciones, hombrecito. Para ser útil, procura elevar tu conciencia a un nivel que sea digno de Él. Sin sombra de duda, te repito: Dios es absoluto y no necesita pruebas de existencia, ¡sobre todo no de un ser humano!

218

Nuestros pensamientos están seguros en nuestras mentes siempre que no queden expuestos. No pueden ser rastreados ni estigmatizados y ninguna otra persona puede gobernar sobre ellos.

219

Lo que nos lleva adelante en la vida es nuestra creencia, que es como la vela de un barco. Cuando la vela funciona bien, somos transportados grandes distancias, pero, si está dañada, las palabras deben reemplazar al viento.

220

El propósito de la oración es que las personas se inclinen, se arrodillen, se postren y vuelvan a erguirse una y otra vez, día tras día. El propósito esencial de la oración es que la gente mantenga el estado que alcanza durante la oración, durante todo el día y toda la noche, dormidos y despiertos, cuando escriben y cuando leen, de modo que nunca dejen de recordar a Dios.

221

Los místicos equiparan la alegría, la apertura y la expansión espiritual con la primavera, mientras que el otoño se asocia con el dolor y el cierre. ¿Qué posible parecido hay entre la alegría y la primavera o entre el otoño y el dolor? Por supuesto, no hay parecido, lo cual demuestra solo la debilidad del lenguaje, pues la mente no puede concebir cosas sin la ayuda de símbolos.

222

Cuando hablo, mis palabras son dinero contante. Cuando otros hablan, ¡es solo charla!

223

Oyes que un hombre altruista, en un país lejano, hace generosas donaciones a los necesitados y llevas a cabo el arduo viaje hasta allí para beneficiarte de su caridad. Antes de partir, no obstante, no consideras ni por un momento la posibilidad de pedir a la puerta del Creador, ¡de cuya generosidad sin límites eres bien consciente! Te consuelas repitiendo que, si Dios lo deseara, ya te habría ayudado. Si debes pedir limosna, ¡hazlo en la puerta adecuada!

224

Cuando te sientes culpable, es natural que tu corazón se marchite y acabe cerrándose. Pero los inocentes no tienen miedo de que sus corazones vayan a secarse alguna vez, porque tienen sus oraciones como garantía.

225

Un *sheikh* sufí se aleja corriendo del mundo como el ratón se aleja del gato.

226

Un derviche estaba sentado en un rincón, ocupándose de sus propios asuntos, cuando un hombre pomposo, que pretendía ser un gran gramático, se dejó caer a su lado y le soltó de inmediato:

—El discurso solo es una combinación de verbos, nombres y preposiciones.

El místico socarrón se puso de pie de un salto, se desgarró la camisa y gritó:

—Oh, mi Señor, ¡entonces he desperdiciado veinte años de mi vida luchando en vano! ¡Esperaba que la vida fuera mucho más que estas tres palabras! ¡Ahora has conseguido destruir para siempre mi única esperanza!

227

Nunca hay un momento en el que no estés enamorado. Cada hora puede haber un nuevo amor: amor al sueño, amor al descanso, amor al arpa o, simplemente, amor a la belleza. Cuando nos sentimos envueltos por estos sentimientos, sabemos que el Amor nos envuelve.

228

Los seres humanos son criaturas increíbles en las que ya existe la totalidad del universo. Sin embargo, nosotros somos inconscientes de este tesoro oculto debido a las capas de velos que recubren eficazmente esta verdad. Estos velos no son sino la miríada de actividades y apegos que creamos para nosotros mismos, creyendo que son la norma de la vida. ¡Me pregunto qué maravilla podríamos encontrar debajo de esta vasta complejidad una vez que los velos se levanten por completo!

229

Ocurrió que un derviche pasaba al lado de la corte real cuando el rey lo vio y se dirigió a él como asceta. Al instante, el derviche espetó:

—Yo no soy un asceta, ¡tú lo eres!

El rey respondió, irónico:

—¿Por qué sería yo un asceta? Soy dueño del mundo entero.

—¡En realidad, no! ¡Ves las cosas al revés! Yo sostengo este mundo y el siguiente; de hecho, el universo entero está en mis manos. ¡Tú te sientes satisfecho con solo un bocado de comida y tus atuendos enjoyados!

230

Nunca quiero incomodar a nadie. Cuando mis devotos riñen a los que chocan conmigo durante *sama* (el baile del giro sufí), me entristece, y les he advertido cien veces que no digan nada a nadie que pueda resultar remotamente molesto en mi nombre. No tengo problemas con estas personas; tengo tanto amor en mi corazón que, cuando los amigos vienen a visitarme, los entretengo recitando poesía para que no se aburran. Lo hago por su bien; de otro modo, ¿qué tengo yo que ver con los versos? Juro por Dios que desprecio la poesía y en mi opinión no hay nada que esté por debajo. Recitar versos es como meter las manos en las tripas de un animal y vaciarlo a fin de servir una comida deliciosa a tus invitados porque eso es lo que quieren. Tienes que observar lo que parece ser necesario en cualquier momento dado, lo que se vende y lo que se compra con más frecuencia, ¡incluso si es un artículo de la mínima calidad!

231

El Creador ha elegido cerrar los ojos de cierto número de personas a Su existencia, liberándolas así de los asuntos del espíritu y animándolas, en cambio, a atender los asuntos del mundo. De otro modo, no se construiría nada a nivel físico en el planeta.

232

El propósito de la Kaaba, la casa de Dios, es apelar y llegar a los corazones de grandes maestros, sabios y profetas, porque es ahí donde aparecen las grandes revelaciones. ¿De qué sirve la Kaaba sin el corazón?

233

Tener fe involucra tanto a la esperanza como al miedo y ninguno de ellos es posible sin el otro. Por ejemplo, un granjero planta trigo y no se preocupa de que podría cosechar cebada, pero sigue temiendo las sequías, las plagas y otras innumerables calamidades. Sin embargo, cuando tiene fe en su corazón, se esfuerza más por alcanzar su meta, y esa esperanza se convierte en sus alas. Cuanto más fuertes son sus alas, más alto es su vuelo y no tiene tiempo para la pereza, como el paciente que tolera el sabor amargo de la medicina con la esperanza de recuperarse con rapidez.

234

Un verdulero local se enamoró de una de las damas del vecindario. Como raras veces tenía la oportunidad de verla en persona, decidió transmitirle un elaborado mensaje expresándole su amor a través de su doncella, que iba a la tienda cada día. Empezó diciendo cuánto amaba a la dama y que ardía por dentro día y noche, sufriendo como si estuviera enfermo terminal. De hecho, afirmó, el día anterior había estado muy mal y se había pasado la noche a punto de morir. Y siguió lamentando sin parar la ausencia de la dama. La doncella consiguió liberarse de él y corrió a casa. Fue a su señora y le informó:

—El verdulero envía sus saludos y también dice: «¡Ven a mí para que te pueda hacer esto y aquello!».
La dama estaba anonadada y preguntó:

—¿Qué quieres decir? ¿Lo ha dicho con tantas palabras?

—No, él lo dijo en un soliloquio, pero esto es esencialmente a lo que se refería.

Lo importante es tu intención; el resto es solo un debate innecesario.

235

Cuando el corazón habla, ¿quién necesita lenguaje?

236

Nuestra naturaleza animal es inherente a nosotros y también lo es nuestra capacidad única para el habla, y ninguna de ellas puede estar separada de nosotros. Cuando un amigo parece no decir nada en la superficie, puedes estar seguro de que por dentro está conversando sin cesar.

237

El diálogo depende de la capacidad del que escucha. La sabiduría solo se revela a medida que es aceptada y comprendida. Cuando una persona es incapaz de oír la verdad, puede quejarse de que no se está diciendo nada, quedando de esta manera ciega a su propia incompetencia. En efecto, Él, que niega a quien escucha la capacidad de oír bien, primero también impide conversar al orador.

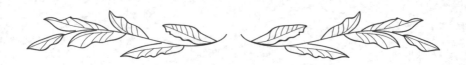

238

Un mullah (sacerdote) local estaba dando un sermón:

—Lo más importante es, en primer lugar, ver lo Divino y, después, oírlo y hablar con Él. Todo el mundo ve al sultán, pero solo los súbditos muy especiales consiguen hablar con él.

Rumi respondió:

—¡Estas palabras son erróneas y engañosas! Moisés primero oyó y habló con Dios y después obtuvo la gracia de verle. El don del discurso le fue dado a Moisés y el de la vista, a Mahoma. Por lo tanto, ¡tus palabras no comportan ni un ápice de verdad!

239

Una suave brisa sopla por la puerta y levanta una esquina de la alfombra, creando un movimiento. Como resultado, se produce otra alteración entre lo que recubre el suelo. El polvo se eleva en el aire, pequeñas ondas regulares recorren el agua del estanque y las hojas y ramas empiezan a danzar una sintonía invisible. Todos estos sucesos parecen ocurrir independientemente unos de otros; sin embargo, comparten un único propósito porque su esencia es la misma. Su movimiento ha sido causado por el mismo elemento: el viento.

240

Parvaneh (un ministro *seljuk*) en una ocasión contó que de vez en cuando mi hijo mayor le impedía verme. ¡Es verdad! Yo le había pedido que lo hiciera porque a veces no estaba en un estado para recibir a nadie y no quería molestar a los dignatarios haciéndoles esperar innecesariamente. Mi estado mental a veces me permite estar parlanchín, pero otras no. A veces, estoy abierto a debatir; otras veces estoy en un estado de ánimo meditativo. No obstante, no deseaba parecer maleducado y preferí hacer una visita al ministro yo mismo cuando estaba en el estado mental adecuado.

Cuando Parvaneh oyó esto, le dijo a mi hijo:

—No vengo aquí para que Mowlana (Rumi) se ocupe solo de mí; vengo aquí a besar su mano como todos sus otros devotos. Cuando me mantiene esperando, me está enseñando una lección: a tratar con respeto a las personas que vienen a mí para resolver sus asuntos y no hacerles esperar sin necesidad, produciéndoles una molestia insoportable. Mowlana me ha hecho saborear la amargura de la paciencia a fin de enseñarme cortesía y civismo para que no acabe ofendiendo a nadie innecesariamente.

De hecho, cuando hice esperar a Parvaneh en el pasado, siempre era por bondad y porque lo tengo en alta estima.

241

¡Nada hay más difícil en el reino de Dios que tolerar errores! Imagina que has trabajado duro en un libro, corrigiendo en detalle todos sus errores. Entonces ves que alguien sentado a tu lado lo está leyendo y entiende su significado de manera equivocada. ¿Cómo podrías tolerarlo?

242

Cuando un sufí dice «Todo está bien», dice la verdad porque se refiere a que todo lo relacionado con lo Divino está bien. Pero eso no nos atañe necesariamente a nosotros como seres humanos.

243

El gobernante de la ciudad convocó a Manjun a su corte y le preguntó:

—¿Qué te ha ocurrido? ¿Por qué te has quedado sin casa, sin comodidades en el mundo, y deambulas por ahí como un loco? ¿Quién es esta Laily y qué tiene que la hace tan especial? Ven conmigo para que te pueda presentar a multitud de mujeres preciosas que estarán más que felices de acompañarte. ¡Te las regalaré al instante; solo elige una!

Los ayudantes del gobernante trajeron muchas mujeres asombrosamente bellas, todas en fila frente a Manjun, esperando que él levantara la cabeza para al menos mirarlas. Pero Manjun se mantuvo ante ellas con la cabeza vuelta hacia un lado, incapaz de dirigirles una mirada. El rey le ordenó:

—¡Al menos levanta la cara y míralas!

—¡Tengo miedo! —dijo Manjun—. ¡El amor de Laily ha blandido su espada, dispuesto a cortarme la cabeza si trato de deshacerme de él!

Manjun estaba consumido por su amor por Laily y era incapaz de ver la belleza de otras mujeres. Uno se pregunta qué podría haber visto en Laily que lo volvió tan completamente ciego a otras.

244

¡Qué afortunado que no haya falsedad alguna entre un amante y su amada! Para ellos, todo lo que no es amor está prohibido.

245

Al principio, sumergirte en la vida espiritual puede no ser agradable, pero cuanto más te sometes, más dulce es el proceso. Esto es contrario a nuestros propósitos diarios y superficiales, que al principio parecen deliciosos, pero van perdiendo su atracción a medida que pasamos más tiempo con ellos. ¡Basta con mirarnos! ¿Qué conexión puede haber entre un hombre y su espíritu? Sin duda, habrás notado que cuando alguien muere y su espíritu se va de su cuerpo, los vivos no pueden esperar a deshacerse de su cadáver, incapaces de tolerar la presencia del fallecido en su hogar ni siquiera una noche.

246

Los hombres batallan día y noche con las mujeres para purificar su temperamento. ¡No saben que lo único que están haciendo es limpiar los pecados de las mujeres y añadiéndolos a los suyos! Un hombre debería aproximarse a una mujer con humildad y aceptar sus peticiones, incluso si son contrarias a su voluntad y al principio pueden parecer imposibles de satisfacer. Los hombres deben aprender a renunciar a su orgullo y dejar de exilar a sus mujeres a una esquina lejana de la casa, ¡aprisionándolas por nada!

247

Tener fe es distinguir un falso amigo de uno verdadero.

248

Los pescadores no atrapan a un pez de una vez. Primero le hacen morder el anzuelo y después lo arrastran hacia ellos para cansarlo, haciendo que se sienta débil y claudique. Entonces destensan un poco el hilo y, de repente, tiran del anzuelo con más vigor para seguir debilitando al pez antes de capturarlo. El anzuelo del amor es similar; el Creador tira de nosotros poco a poco para que seamos capaces de descartar uno a uno nuestros rasgos y hábitos despreciables.

249

Aunque el Todopoderoso ha prometido que afrontaremos las consecuencias de nuestras acciones después de
la resurrección, a cada instante de esta vida experimentamos sus reverberaciones.

250

Dios re-crea de nuevo al ser humano cada segundo, im-
plementando algo fresco en su alma que no se parece a
nada de lo que estaba allí antes. Sin embargo, el hombre
es inconsciente de este proceso.

BIBLIOGRAFÍA

Chittick, William C., *The Sufi Path of Love: The Spiritual Teachings of Rumi,* Albany: State University of New York Press, 1983.

Dehbashi, Ali, ed., *Tohfehaye Aan Jahani (Regalos de ese otro mundo),* Teherán: Entesharat e Sokhan, 2003.

Dehkhoda, Aliakbar, *Loghat Nameh ye Dehkhoda (Diccionario de Dehkhoda)*, nueva edición, Teherán: Daneshgah Teheran Publishers, 1994.

Forounzanfar, Badiozzaman, ed., *Fi Ma Fihi (Discursos)*, Teherán: Amir Kabir, 2002.

Ranjbaran, Hadi, ed., *Boussehaye Khodavandegar (Besos de Rumi: Selección de los discursos)*, Teherán: Nashr e Daf, 2010.

Sobhani, Tofigh, ed., *Fi Ma Fihi (Discursos),* Teherán: Ketab e Parseh, 2009.

Thackston, W. M., Jr., *Signs of the Unseen: The Discourses of Jalaluddin Rumi*, Putney, V. T.: Threshold Books, 1994.

Zamani, Karim, *Sharb e Kamel e Fi Ma Fihi (Los discursos explicados),* Teherán: Moin Publishers, 2011.

SOBRE LOS AUTORES

Rumi (Jalal ad-Din Muhammad Balkhi) fue un poeta, jurista, erudito islámico, teólogo y místico sufí persa, suní y musulmán del siglo XIII.

Maryam Mafi nació y se crió en Irán. Se graduó en la Universidad Tufts en 1977 y, mientras leía para su máster en comunicaciones internacionales en las Universidades American y Georgetown, empezó a traducir literatura persa y ha venido haciéndolo desde entonces. Vive en Londres.

Narguess Farzad es un académico de elevado rango del departamento de Estudios Persas de la School of Oriental and African Studies de la Universidad de Londres.

Sabiduría y esperanza de
El pequeño libro de la sabiduría de Rumi

¡Nunca perdamos la esperanza en la Verdad! La esperanza es tu única seguridad en el camino que escojas, y si decides no recorrer ese camino en absoluto, aun así, es posible que nunca pierdas la esperanza.

Cuando sientes alegría en el corazón sin razón, has de saber que en algún lugar, en algún momento, puedes haber llevado felicidad a alguien. Asimismo, si sientes que la tristeza nubla de repente tu corazón, se debe a que en algún momento de tu vida debes haber causado pena a alguien. Estos sentimientos son regalos del más allá que nos permiten aprender mucho con muy poco.

Cuando Dios elige ser generoso, una insignificante moneda demostrará ser tan valiosa como mil piezas de oro. Pero si Él decide retirar Su buena voluntad, todas esas piezas de oro carecerán de valor.